Seeker

Seeker

捷克經典

5星級的捷克文化深度導遊

高嵩明◎著

我相信，捷克和台灣雖然地理位置相距遙遠，文化和文明的根源也不盡相同，但兩個國家之間卻存在著某些關聯或相似點。這些相似點是來自於：一個有著能左右世界之強鄰的小國家國民所展現的心理態度，而這也是他們在面對這強大鄰國時不得不採取的一種態度，不管他們喜不喜歡。

這些關聯是一種共同感覺，因為我們的人民都必須一次又一次的反思、定義和檢視他們的國家、文化和文明根源，那是一種即使在壓力籠罩之下也要維護自己身份的抗爭，是反抗與順從之間的衝突。台灣的人們可能已經發現自己正處於這樣的情勢中，而中歐文化和捷克的特色也是在類似的文化和政治環境中發展出來。因此，如果台灣的人們對捷克文化有任何興趣和熟悉感，應該就是潛意識中這種心理態度所衍生的影響。

《捷克經典》的作者高嵩明先生，受到我們極大的推崇感謝，他以友好、關懷和熱情不倦的心承擔了這份任務，成為一位成功反映捷克文化中所存在之不穩定性的傳播者。

瓦茨拉夫・哈維爾 撰於布拉格 2008.9.2
（捷克作家、劇作家，於1993年到2002年間擔任捷克共和國總統。）

瓦茨拉夫・哈維爾
Václav Havel

I am sure that there are links or similarities between the Czech Republic and Taiwan in spite of the geographical distance between our two countries and our different cultural and civilisational roots. They are based on the attitude of mind of citizens of a small state that has a dominant world power as a neighbour, one towards which they are constantly obliged to adopt an attitude, whether they like it or not.

They are feelings of people who are forced again and again to reflect on, define and review their national, cultural and civilisational roots. It is a conflict between preserving one's own identity in spite of pressures that cannot be permanently avoided, a conflict between resistance and resignation. The Taiwanese probably find themselves in such a situation. Central-European culture and Czech distinctiveness evolved in a similar cultural and political gravitational field. So if Czech culture is something interesting and familiar to the Taiwanese, it could be that this attitude of mind plays a subconscious role.

The book's author, Mr Kao Sung-Ming merits our great appreciation for the kindness and care with which he has undertaken the task of being a tireless mediator of reflection on these existential uncertainties in our cultures.

Prague, 2nd September 2008

榮譽推薦

<big>**我**</big>在此誠摯地恭賀本書的作者，當他邀請我為本書寫一篇序時，我是以榮耀且極其榮幸的心加以接受。

西元2006年，接任捷克經濟文化台北辦事處代表幾週之後，第一次見到並認識了高嵩明先生。高先生對捷克的歷史、文化、特別是捷克的人們，充滿了強烈的熱愛；值得一提的是，由於他努力不懈地發揚推廣捷克文化，因而獲得捷克外交部長頒發「國家之友」(*Gratias Agit*)獎，使他成為第一位榮獲這個獎項的台灣公民。

不過，這只是他「捷克之旅」的序曲而已。

他曾經應允要寫一本關於我們國家的書，而他也信守了他的承諾！於是，這本名為《捷克經典》的著作於焉誕生。我曾經從高先生那兒得知這本書的撰寫進程，幸賴他的熱忱，這份努力現在有了成果，我感到非常驕傲。

我知道高先生曾經多次走訪捷克，並且完成了大量獨立研究的文章，也看過他在兩年間拍攝的數量驚人的攝影作品；他深受捷克歷史、文化和當代的重要性而感動，他在捷克所結交的朋友們也是提供靈感與動力的強烈泉源，促使這個非凡的計劃得以實現完成。

這本資訊豐富、活潑生動的著作，是適合所有年齡層的讀者，特別是那些想要了解這個位在歐洲中心國家的歷史、文化以及人民，或者已經對捷克稍有認識，想要從作者明晰的觀點了解更多的讀者。在這本囊括20個篇章、95,000字及450幅精美圖片的著作中，作者為讀者們呈現了捷克悠長而豐富的千年歷史當中許多意義重大的事件。

從這位愛上我們國家的作者所撰寫的優秀作品中，你可以了解到捷克的古典音樂、著名的音樂家及他們生動的詮釋展現；你還可以欣賞到關於旅遊、建築、文學、繪畫、科學、工業、民間習俗及捷克傳統美食等豐富生動的資訊。

我誠摯地推薦這本書，如果你問我為什麼，我將以詹姆士・布萊斯的一句話做為回答：

「一本書的價值，在於你可以從中得到什麼。」

前捷克經濟文化辦事處代表／杜樂杰

有人說：「偉大的國家就是，擁有偉大國民的國家。」捷克是歐洲中部的一個小國，但她確實是一個偉大的國家。理由如下：

一、捷克三百多年間，屢受外來政權的侵略、統治與破壞，但捷克人民愈挫愈勇地奮鬥，於1990年以非武力、無流血的「天鵝絨革命」來結束共產極權的暴政，建立民主、自由的「捷克斯洛伐克聯邦共和國」──這是捷克人民的偉大成就。

二、大約早德國馬丁路德宗教改革的約一百年前，捷克的楊‧胡斯就發起宗教改革運動，主張教會要回歸《聖經》，堅持純正的信仰到底，結果胡斯被當時的「宗教大會」判處死刑而焚身殉道──這是捷克教會領袖的偉大基督信仰。

三、捷克人民非常注重教育、文化與人才的培育，以致養成許多優秀的音樂家、藝術家、文學家、科學家等各方面的精英──這是對全人類的偉大貢獻。

高嵩明先生多年來關愛捷克，屢次訪問捷克，並深入研究捷克的歷史、音樂、文化與人物，以致於2006年領受「捷克國家之友獎」。我切望每一位閱讀《捷克經典》的人也都能學習捷克而以信仰、愛心、才智，建設台灣成為「真、善、美」、「信、望、愛」的偉大國家，來貢獻全人類。

台灣基督長老教會總會前總幹事

捷克，詩一般的國度，一個熱愛音樂、藝術文化的民族，參與藝文活動是捷克人日常生活的一部分。捷克高度的藝術風氣，讓十九世紀留學巴黎的歐洲各個留學生被通稱作「波西米亞人」；首都布拉格的美麗建築，被世人譽為「活的建築博物館」；全球最著名的音樂節「布拉格之春」每年於5月12日開幕。

高嵩明先生的《捷克經典》，從歷史角度切入，結合大量的古典音樂和藝術文化，讓捷克繽紛的人文色彩躍然紙上。在書中，我們可以閱讀到許多熟悉的藝文人物，比如：音樂神童莫札特感歎「生我者父母，知我者布拉格也！」、音樂大師史梅塔納與《我的祖國》交響詩、德弗乍克的《來自新世界》交響曲，以及作品常被應用於諸多裝飾藝術、海報、建築和日常用品之中的繪畫大師慕夏……。

誠摯推薦《捷克經典》這本書，透過細細的閱讀和品味，你會發現，捷克其實和我們很靠近！

前兩廳院董事長 陳郁秀

導讀

以空間思維帶動時間思維——
談大眾史家如何書寫異國的歷史文化

　　高嵩明在大學時代主修資訊科學，因而在新竹科學園區裡工作過一段時間。由於家世背景的緣故，他天生熱愛音樂，如果說失去音樂，他勢必就如同一池乾涸的生命湧泉。在一九九〇年代初期，他曾經來我的課堂上旁聽「西洋史學史」，這是一門專為大學歷史系而講授的課程，屬於思想史的範疇，頗富哲學性的思考。起初，我以為他只是位好學的理工科學生，畢業後特地到我的班上來進修而已。不過，在得知他有意投考歷史研究所時，我深表不以為然，因為喜歡歷史是一回事，成為專業史學家（*professional historian*）又是另一回事，尤其過著青燈黃卷的生活，必定要先看淡世俗的名利。

　　還好，嵩明名落孫山，沒有如願以償，所以只好繼續在資訊業或圖書文化業裡服務。有一回，我剛從捷克和德國等地回來，曾經對他說：「捷克是個有悠久歷史及高度文化的地方。」結果沒料到這句話啟動了他日後一連串的捷克之旅。他與捷克許多知名人士成為好友，促進了台灣與捷克之間文化與經濟的交流，同時將十多年來所撰寫的文章和拍攝的照片集結成書。眼見他有今日的收穫，我自然無限欣喜，與有榮焉。

　　按照一般人的分類法，這本書應該屬於「深度知性旅遊」的作品；或者說，是以音樂為主軸，記述捷克「歷史文化」的一本文集。這種分類法固然可以接受，但卻很容易一筆帶過，忽視了嵩明的寫作取向（*approach*）、思維方法以及生命的主體性（*subjectivity*）。

　　首先，從「歷史文化」（*historical culture*）談起。這個名詞在中文和外文世界裡已經非常普及，廣泛地被使用，甚至已成為口頭禪；但是，它指的又是什麼？卻一直少鮮有明確的定義。在回答這個問題之前，必須先考量「文化」（*culture*）是什麼？依照個人的淺見，所謂「文化」，至少必須包涵三項要素：（一）、與人為

有關的；反之，凡是原始的、自然的、與人為無關的都不是文化；（二）、以一群人為核心，在「人與人」或「人與自然」的互動關係中，形成某種程度的具有同質性的有形或無形的表述（representation）；（三）、是變動的，就如同任何有機體都非一成不變。

接著，就可以直接說到「歷史文化」的涵意了。這個名詞可以就兩方面來講：

（一）、「歷史文化」的「歷史」，純粹只當形容詞使用，指「過去的」、「昔日的」；所以「歷史文化」是指過去的有形或無形的文化留傳至今者。但是，理解這個定義應特別注意的是，「留傳」既有「連續性」（continuity），同時又有「變遷」（change）的意思。綜合這兩層意思，「歷史文化」是指過去的文化在其傳統中轉變（change within its tradition）而留傳至今者。

（二）、「歷史文化」指，自從十萬年前起，人們在不同時代、不同社會所形成的文化，其中包括上層文化和大眾文化。這些文化有的已經消逝，完全無影無蹤不可考了；有的以各種形式成為「史料」，等待人們的發現，並進一步提升到有意義的、而被「解釋」（interpretation）的地位，以致於成為「歷史」或「歷史文化」。按照這個定義，「歷史文化」是「今人」對「古代」的探索，經由理性與感性交融辯證的結果。

以上所以用了一連串硬梆梆的語彙來說明什麼是「歷史文化」，主要是為了指出，「歷史文化」並非捕風捉影、十分膚淺的表相。撰寫「歷史文化」的文章，不是毫無意識的，如同拿起傻瓜相機，對準一座古蹟，就拍一張照片那樣隨興。嵩明以深厚的音樂素養為底子，長期旅行，經過實地田野調查、閱讀資料、口述訪談，並且深入捷克的歷史脈絡。他的寫作「取向」，可以說師法了希羅多德（Herodotus，484~430 B.C.）。這位古希臘史家也是位旅行者，他從小亞細亞，先後到過希臘半島、埃及、甚至兩河流域等地，步履所及，四處打聽異國的歷史文化。由於寫作「取向」、搜集史料的方法及敘述的方式都與前人不同，希羅多德索性為他的書籍取名為「歷史」（History），這個名詞在當時指的是「探索」（inquiry）的意思。然而，更值得注意的是，這本「歷史」在學術上是一次革命性

的創舉，它並非按照「時序」（time-order）來寫的，或者說，它不是「以時間思維」為主的敘述方式，而是按照希羅多德自己的腳印，人走到哪裡，就看到哪裡，並且「探索」起哪裡的「歷史文化」。針對這種創新的寫作「取向」，我特地稱之為「以空間思維帶動時間思維」。嵩明相距希羅多德的時代已有兩千多年之久，生長在今天，他可以乘飛機、坐火車、查網路及拍照片，這些一一都與希羅多德迥異。然而，他深入異國，探索其「歷史文化」，這種精神卻與希羅多德前後一致。也許有人說嵩明這本書只是文集，根本稱不上「歷史」作品，但只要明瞭希羅多德「以空間思維帶動時間思維」，應該就不會否認這也是一本史書了。

談到這裡，有人可能仍然不服氣，反駁地說，這本書根本不是學術性的歷史著作。這種評斷，自有道理，無可厚非。然而，我們不妨再反思一下，持此說者其實純粹站在專業史家的立場，並以學院派的標準衡量一切。可是，我們應知道，專業史家及專業史學自從成立以來，距今頂多也只有兩百年。在之前，從希羅多德到十八世紀的伏爾泰（Voltaire，1694~1778）等人都不是專業史家。而今，自從一九七〇年以來，在大學及研究機構的圍牆之外，實際上已有不少的大眾史家（public historian）。他們以各種不同的取向或形式撰寫歷史，其中有的寫具有地方意識（the sense of place）的地方史（local history），有的寫具有生命意識的異國歷史文化。儘管他們彼此間存在異質性，但是總而言之，他們都既不標榜「理智」、「求真至上」，也不書寫冷冰冰的學術著作，而是融合了理性與感性，具有濃厚個人風格的歷史作品。

我無意稱讚嵩明已是位第一流的大眾史家，或者說他的作品是本上乘的佳作。我希望人們不要只以一般「深度旅遊」的角度來歸類這本書，更不要擺起專業史學的嚴肅面孔來評論它。大家不妨試著從大眾史學的角度，隨著這本書的敘述，來認識捷克的歷史文化。再說，這本書所記述的有許多是專業史家所不知的，或者說，是他們永遠無法得知的。

周樑楷
逢甲大學歷史與文物研究所教授

為何是捷克？

親愛的朋友們！您喜歡暢飲清涼爽口的啤酒嗎？您想了解影響全球基因工程的發源地嗎？您喜歡使用晶瑩剔透的水晶玻璃飾品和器具嗎？您唱過《念故鄉》這首歌嗎？您讀過《生命中不可承受之輕》這本書嗎？您觀賞過《阿瑪迪斯》、《遊子》這些奧斯卡名片嗎？這些事物可都和捷克息息相關呢！

在「李布謝」這個美麗的建國傳說中，李布謝公主運用她的高EQ，不但為自己找到了人婿而且平息國內的政爭，更因此而建立了捷克這個國家。中世紀時英明的卡爾四世皇帝下令興建的大教堂和大橋至今仍然是布拉格吸引最多遊客的景點，還有卡爾大學也是中歐第一所高級學府。

波希米亞宗教改革的先驅——楊·胡斯早在德國馬丁路德之前一百年，就為了回歸純正信仰而向教廷發出改革的讜論，他的影響不但造就了今日基督信仰中的新、舊教區分，而且他的抗爭精神更是超越時空，領導捷克人克服了一次又一次的外敵侵凌。

布拉格在文藝復興時期提供克普勒研究的資料與場所，最後更得以發表他的三大行星運動定律，讓後代的牛頓、愛因斯坦等天才能夠站在巨人的肩膀上發展更偉大的科學成就。

三十年宗教戰爭的紛亂使得波希米亞為數眾多的音樂家們出奔到歐洲各地，深深地影響了歐洲各國的音樂教育與發展，也因此為波希米亞贏得「歐洲音樂搖籃」的美譽。音樂神童莫札特的作品在捷克獲得了極大的共鳴，不禁讓他唱歎道：「生我者父母，知我者布拉格也！」捷克近代音樂大師史梅塔納《我的祖國》交響詩和德弗乍克的《來自新世界》交響曲更是你我所熟悉的旋律。而歐洲近代史最重要的一位教育家柯門斯基，畢生致力於幼教，除了關於教育的著作等身之外，他的教育主張至今仍然影響全球各國的教育政策與方針，並因此被尊為「歐洲的導師」。

　　卡夫卡、哈謝克、恰佩克、塞佛爾特、米蘭·昆德拉、赫拉巴爾、伊凡·克里瑪、哈維爾……等文壇大師們給了我們體驗捷克文學的絕佳機會！慕夏所代表的新藝術風格席捲了全球的裝飾藝術，更融入了我們目光可及的日常家居生活當中！布拉格這座城市被稱譽為「活的建築博物館」絕非偶然，有待您親自走訪一遭方知所言不假！

　　皮耳森一地在1842年所掀起的「啤酒革命」帶給我們清澈芬芳的「黃金啤酒」，讓現代人不用再忍受品質良莠不齊的發酵麥汁。門德爾神父以豌豆所做的遺傳學實驗也為現代基因工程奠下了基礎。1989年發生不流血抗爭的「天鵝絨革命」堪稱世界政治史上的一項奇蹟與典範，以這段時空當作背景的電影《遊子》至今也依然能夠觸動人們心靈深處最細微的神經。這些都是捷克對於世界文化的貢獻啊！「為何是捷克」？答案已經呼之欲出了！

　　隨著近年來國人遠赴捷克經商以及旅遊的人數呈現等比級數增加的情況，光是旅遊介紹的書籍已經不敷國人想要更加深入了解捷克文化與概況的需求；因此筆者在多年前便允諾哈維爾總統以及許多捷克友人們，將自己近年來的所見所聞，在這本書中和大家一一分享。衷心期待這本書能夠讓更多華文閱讀人口深入了解「捷克」這麼一位善良又美麗的地球村村民！

Contents

Part1　波西米亞的傳奇

1 美麗夢幻的建國傳說——高EQ女王李布謝　　18

一個農夫普列彌修、一位貴族千金李布謝，捷克的第一個王朝誕生了……。

2 瓦茨拉夫廣場上的聖徒們　　24

無論是受愛戴的國王，為傳教而殉道的主教，還是衣食無憂的公主；他／她們，都因著對信仰的堅持，在此齊聚一堂。

3 鐵金國王與寶山庫特納霍拉　　34

直到今天，我們還能在鑄幣博物館看見表演人員穿著仿照當年鑄幣工的服裝，用鐵鎚和鑄模敲打出一個又一個硬幣。

4 全民公認的好國王No.1——卡爾四世　　44

中歐最古老的大學、歐洲最美麗的橋樑、璀璨的波希米亞文化盛世……，全部都是他留給捷克人的珍貴資產。

5 波希米亞的宗教改革家——楊・胡斯　　58

1415年7月6日，被架上火刑台的胡斯，口中唱著聖歌直到被濃煙嗆住為止，一代宗教改革家就這樣殉教犧牲了！

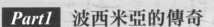

Part2　到捷克作客

楔子

　　雖然很多國人已經因為旅遊、就學或者經商的緣故到過捷克，但是，捷克對於大部份人來說卻依然是個遙遠而且陌生的國度，我們將在這本書中以最簡單扼要卻又不失深度和廣度的方式依序帶領大家了解認識這位美麗又可愛的地球村村民——捷克！

　　我們現在所說的「捷克共和國」，包含舊稱為「波希米亞」和「摩拉維亞」兩個地區以及石雷茨科的一部份，居民以西斯拉夫人為主；由於地緣上與日耳曼人接壤，所以在文化、語言等方面明顯地呈現出過渡性。

　　因此，捷克政府便將國土的代表圖騰與顏色呈現在國徽與國旗上——國徽左上角和右下角的白色雄獅代表波希米亞，右上角藍底的花鷹代表摩拉維亞，左下角的黑鷹則代表石雷茨科。至於捷克的國旗，則採用斯拉夫民族所常用的紅、白、藍三色，以波希米亞的紅白旗加上代表摩拉維亞的藍色三角形共同構成。

波希米亞的傳奇

當我想以一個字來表達「神秘」時，
我只想到了布拉格——尼采說

美麗夢幻的建國傳說——高EQ女王李布謝

Chapter
1

個農夫普列彌修、一位貴族千金李布謝，捷
兌的第一個王朝誕生了……。

　　根據十二世紀捷克編年史學家柯斯馬斯（*Kosmas*，約1045-1125）
在他的《捷克編年史》當中所記載的傳說，捷克部族最早是跟隨著一
位名叫捷赫（*Čech*）的首領，來到日耳曼地區邊境的一片曠野上，隨
後在這裏建立了家園，後來才由普列彌修（*Přemysl*）統一了各個部落
並且建立起王朝。

　　相傳，普列彌修原本只是一位農夫，因為他受到貴族柯洛卡
（*Krok*）的么女李布謝（*Libuše*）的青睞，並下嫁其為妻，因而擁有
政經的實力，最後終於逐漸統一各個部落，建立了所謂的「普列彌修
王朝」。在這個美麗的傳說當中，李布謝不但聰穎過
人，而且還具有預言未來的特異功能。為了平息國內
不滿女性掌權的反對勢力，她在高堡（*Vyšehrad*）的
王座上，預言將來會嫁給住在波希米亞北部斯塔第策
（*Stadice*）村中一位名叫普列彌修的農夫，隨後她就派
人到該地將普列彌修予以迎回並且完婚成親，成功地

▲伏拉塔瓦河畔的高堡區是捷克王
國的誕生之地。

◆捷克國內各地有不少建築物常以
李布謝傳說當作裝飾主題。

◀高堡區的聖彼得與聖保羅大教堂
旁有李布謝女王和夫婿普列彌修
的雕像。

🚂 高堡區

可以搭乘地鐵C線在高堡站下車，再依循路標走大約500公尺，就可以抵達了。

弭平國人的歧見並且團結部眾開創了捷克這個國家！李布謝還預言在伏拉塔瓦（*Vltava*）河畔一處高地上將會建立起一座城堡，當她派遣部眾前往該地勘查時發現有一個人正在雕刻門檻，而門檻的捷克語稱作「práh」，所以這座城堡落成之後就被命名為「Praha」，這也就是今天布拉格城名的由來！

■ 音樂家也愛李布謝

捷克的民族音樂之父——史梅塔納（*Bedřich Smetana，1824~1884*）也曾經引用這一段非信史的傳奇故事為基本架構，創作出他的民族史詩歌劇《李布謝》以及六段式民族交響詩《我的祖國》的第一樂章《高堡》。

史梅塔納於西元1872年所完成的《李布謝》至今仍然是十分受到捷克民眾歡迎的名劇。它的基本架構除了述說捷克建國的傳說故事之外，更重要的是其所一再強調的主題——「愛」。劇中的女主角李布謝以極大的包容心和愛，成功地化解了國內兩大陣營的敵對與仇恨，並在最後以全體感謝上天讓眾人能夠及時體悟愛與包容的大合唱，光輝地結束了整部歌劇。此外，《李布謝》一劇也為史梅塔納隨後的創作開啟了先聲，其中許多主題後來在交響詩《我的祖國》當中皆一一再度躍然於樂譜之間。

雖然李布謝的傳說不足以構成信史，但是她卻早已成為捷克民族起源的象徵。如今，當人們在捷克境內旅遊時，不時可以發現和李布謝相關的文物，例如在布拉格東南方緊臨伏拉塔瓦河畔的高堡區內，便能欣賞到李布謝和其夫婿的雕像，而捷克各地也不乏以李布謝傳說當作裝飾主題的建築物。

▲ 進入高堡區的城門。

▲ 史梅塔納逝世後被安葬於聖彼得與聖保羅大教堂旁的墓園區裡。

■ 捷克深度文化之旅必遊景點——高堡區

隨著外國遊客的激增，現在的**高堡區**也已經漸漸吸引許

多觀光客前來參觀。大家除了對於高堡的李布謝建國傳說感到興趣之外，也千萬別忘了參觀此地著名的聖馬丁古圓屋（*Rotunda Sv. Martina*）和聖彼得與聖保羅大教堂（*Katedrála Sv. Petra a Sv. Pavla*）。

🚂 **聖馬丁古圓屋**
高堡區內歷史最久遠的建築物，曾經在十九世紀整修過。

　　聖馬丁古圓屋雖然小又毫不起眼，但是它可是建於十世紀末與十一世紀初年之間，是高堡區歷史相當悠久的建築物。另外，我們目前所看見的聖彼得與聖保羅大教堂是在十四世紀卡爾四世國王時所建造的，十九世紀時才又將外觀整修成哥德式的大教堂。從聖彼得與聖保羅大教堂前的舊城牆邊可以俯瞰伏拉塔瓦河，更可以遠眺布拉格市區和城堡區，提供喜好攝影的朋友們一處極佳的取景點。看到如此美麗的景色，耳際不禁也會再度響起《我的祖國》民族交響詩第一樂章《高堡》的悠美旋律。

▲聖彼得與聖保羅大教堂。

AC ZEMŘELI JEŠTĚ MLUVÍ

JOSEF KRÁL	JULIUS ZEYER	JAN STURSA
RŮŽENA SVOBODOVÁ	WÁCSLAW W. rytíř TOMEK	DR. JOSEF GRUBER
JAN V. NOVÁK	JOSEF LAD. PÍČ	VOJTĚCH HYNAIS
JAN KLECANDA	JOSEF V. SLÁDEK	EMA DE-STINOVÁ
JOSEF V. MYSLBEK	JAROSLAV VRCHLICKÝ	KAMIL HILBERT

KDO VE MNE VĚŘÍ
NEZEMŘE NA VĚKY

　　另外一處著名景點就在聖彼得與聖保羅大教堂旁的高堡墓園區（Vyšehrad cemetry），因為許多對於捷克的科學和文化發展有貢獻的人都安葬在此地。進入墓園區首先會看到捷克的民族音樂之父—史梅塔納之墓，在史梅塔納之墓斜對角的區域就是由雕塑家魏勒（Antonin Wiehl）所設計監工完成的斯拉文（Slavin）墓塚區，Slavín意思是「榮耀之地」，這裏一共安葬了52位捷克藝文界大師，包括新藝術繪畫大師—慕夏（Alfons Mucha，1860~1939）、小提琴大師楊‧庫貝利克（Jan Kubelik，1880~1940）和他那位聞名全球樂壇的指揮家兒子拉斐爾‧庫貝利克（Rafael Jeronym Kubelik，1914~1996）。至於在不遠的北側拱廊區，德弗乍克（Antonin Dvořák，1841~1904）那座由拉迪斯拉夫‧夏隆（Ladislav Šuloun）所設計的精美墓園同樣十分值得前往憑弔參觀。而細心的文學愛好者當然不應忘記來這裏向二十世紀捷克著名的劇作家恰佩克（Karel Čapek，1890~1938）致敬！

布拉格
市區景點

瓦茨拉夫廣場上的聖徒們

無論是受愛戴的國王，為傳教而殉道的主教，
還是衣食無憂的公主；他／她們，都因著對信
仰的堅持，在此齊聚一堂。

　　長條型的廣場上，烤香腸的陣陣香味撲鼻而來，這是許多遊客來
到瓦茨拉夫廣場（Václavské náměstí）時的第一印象！這座著名的廣場
之所以吸引那麼多遊客是因為它在捷克歷史上曾經扮演過重要角色！

　　位於布拉格新城區的瓦茨拉夫廣場是布拉格市區內最長的一座廣
場，它是在十四世紀中葉由卡爾四世所下令營建的。因為初期是以
馬匹交易等商業和節慶活動為主要用途，所以又被稱之為「馬市」
（Koňský trh），一直到1848年才由文學家兼政治家波洛夫斯基（Karel
Havlíček Borovský）提議將它改名為「瓦茨拉夫廣場」
而沿用至今。

▲ 矗立在捷克博物館前，五位信仰
　堅貞的聖徒雕像。

◀ 聖維特大教堂內的聖瓦茨拉夫
　一世公爵雕像。

◀ 承載了捷克無數重要歷史記憶的
　瓦茨拉夫廣場，是布拉格市區內
　最長的一座廣場。

　　這個廣場在二十世紀的捷克史上扮演著舉足輕重的
角色，例如1918年捷克斯洛伐克慶祝獨立建國的大遊
行、1939年納粹德軍入侵時在此閱兵、1968年震驚世

🚋 瓦茨拉夫廣場

位於新城區，也是布拉格購物中心之一，另一端則是國家博物館。

🚋 聖奕志教堂

位於聖維特大教堂後方，教堂裡的裝潢風格樸實，二樓皆不開放。

🚋 聖維特大教堂

聖維特大教堂不只是布拉格的地標，更是捷克的表徵之一。裏面除了存放「捷克珍寶」之外也有許多王公貴族的棺槨，以及各時期的壁畫、雕刻與彩繪玻璃等藝術精品！

▲ 國家博物館還未建成時的瓦茨拉夫廣場。

界的「布拉格之春」改革事件，蘇聯以戰車入侵鎮壓捷克的改革運動而引起民眾抗爭，以及1989年另外一次撼動世人耳目、促使共黨垮台而讓捷克終於再度邁向民主國家的「天鵝絨革命」，都是在此地輪番上演的。

　　長達750公尺的瓦茨拉夫廣場兩側，集結了許多著名的旅館、精品店、餐館與書店，是遊客來到布拉格必遊的景點之一，大家也都會跟著導覽人員或者自行走到廣場的東南端欣賞國家博物館前那一座巨大的雕像群。來過此地的人一定會對彌修貝克（*Josef Václav Myslbek*）在1912年開始創作，騎著駿馬、手執長矛的聖瓦茨拉夫公爵（*Svatý Václav kníže*，約907~935）雕像印象十分深刻，但是分佈在他四周圍的其他幾位聖徒，大家可能就記不太清楚了。沒關係！接下來我們就一一為大家講解這五位聖徒的精采故事！

被謀殺的婆婆——聖魯蜜拉

　　雖然李布謝和夫婿普列彌修的傳奇建國故事以及他們所建立的「普列彌修朝」一直為人所津津樂道，但事實上，根據目前的信史記載，普列彌修朝的第一位統治者是波吉佛伊一世（*Bořivoj I.*，約852~889）公爵，他和夫人魯蜜拉（*Ludmila*，約860~921）是波希米亞第一對接受基督信仰的公爵夫婦，兩人率先於874年接受洗禮，隨即便熱心地推動傳教的活動。然而縱使他們是統治者，在當時尚未接受基督信仰的波希米亞地區，傳教活動卻仍然受到許多阻力，甚至連他們自己的媳婦也都不領情，依然堅持她原來的多神崇拜信仰。

　　反倒是他們的孫子受其影響頗深，也就是後來的聖瓦茨拉夫公爵。因為瓦茨拉夫自幼被祖母魯蜜拉帶大，對於基督的信仰極為堅貞，但是他的母親德拉荷米拉卻因此對婆婆十分忌妒，而且她也擔心基督信仰一旦傳遍波希米亞，會對自己和其他堅持多神崇拜信仰貴族們的既得權益造成不小的影響，因

▼ 慕夏在聖維特教堂內繪製
的彩繪玻璃，他將聖魯蜜
拉以及孫子聖瓦茨拉夫一
世佈置在畫面的正中央最
顯眼之處。

▲ 聖維特大教堂。

此德拉荷米拉索性就派遣兩名維京武士將婆婆在帖汀（Tetín）
予以勒斃謀殺。魯蜜拉慘遭自己的媳婦謀弒之後被封為聖徒
（Svatá Ludmila），她後來被孫子瓦茨拉夫安葬在布拉格城堡
區的**聖奕志教堂**（Bazilika svatého Jiří，英語稱為聖喬治教堂）
內，而紀念雕像則在二十世紀初被豎立在孫子聖瓦茨拉夫的
右前方，共同守護捷克。根據近代人類學者的研究，魯蜜拉
是一位身材高大又強健的女性，也許是受到她的基因影響所
及，普列彌修朝的男性統治者也都身強體壯，平均身高均介於
180~190公分之間。

聖奕志教堂也是目前布拉格城堡區內最古老的建築物，如
果從遠方眺望，矗立在**聖維特大教堂**（Katedrála svatého Víta）
正後方擁有兩座白色尖塔的建築就是它；它是在920年開始建
造，1142年遭逢祝融之後曾經改建，現在的建築物正面維持著
十七世紀時改建的巴洛克式風格。

捷克著名的音樂家安東尼·德弗乍克曾經在1886年創作一
部神劇《聖魯蜜拉》，這是一部由45首曲子所組成的大型合唱
曲，演出時間超過2小時。德弗乍克藉由這部神劇來詠讚聖魯
蜜拉以及夫婿成為虔誠基督徒的過程，內容兼具了宗教性與愛

國心。而捷克著名的繪畫大師慕夏也不惶多讓，他接受保險公司的委託在聖維特大教堂內創作了一面彩繪玻璃窗，描繪將基督信仰傳入斯拉夫民族的兩兄弟聖西里與聖梅多迭（Svatí Cyril a Metoděj），還將聖魯蜜拉和孫子聖瓦茨拉夫佈置在畫面的正中央最顯眼之處。

■ 瓦茨拉夫與聖維特的手骨

瓦茨拉夫在父親戰死沙場之後以18歲的稚齡接下公爵的權位，並且放逐了他的母親。他在救平貴族澤立斯基（Radoslav Zlický）的叛亂之後，更加不遺餘力地推廣基督信仰。瓦茨拉夫由於和德王亨利一世（Heinrich I der Vogler，約876~936）結盟，因而獲得了一件珍貴的贈禮——聖維特的手骨，他於925年下令在聖奕志教堂的前方再蓋一座羅馬式的聖維特教堂（Rotunda svatého Vita），用來存放這件珍寶，這座教堂也就是聖維特大教堂的前身。

瓦茨拉夫的勤政愛民雖然獲得了民眾的一致擁戴，但是卻也招致野心勃勃的胞弟——殘酷的波列斯拉夫一世（Boleslav I. Ukrutný，約915~967或972）覬覦他的權位。波列斯拉夫策動了一群非基督信仰的貴族，以紀念聖徒的藉口邀請瓦茨拉夫公爵前往他在布拉格東北方約20公里的Stará Boleslav堡壘內參加宴席，宅心仁厚的瓦茨拉夫不疑有詐準時赴約，卻在宴會過後的第二天清晨，前往教堂作晨禱的時候慘遭胞弟埋伏的殺手們所刺殺。二十世紀初兩位雕塑家布能（V.H.Brunner）和薛潘尼（Otokar Španiel）將聖瓦茨拉夫的重要事蹟雕刻在聖維特大教堂西側大門的銅門板上，當您有機會來此一遊時千萬不要錯過欣賞這些藝術品的機會。

瓦茨拉夫後來被安葬在聖維特大教堂裏的聖瓦茨拉夫禮拜堂，這裏也是遊客來此參觀的必到景點之一，雖然一般遊客無法入內參觀，但還是可以從禮拜堂打開的西側門一窺內部的陳

1	2
	3 4

1. 聖維特大教堂西側大門，刻有許多敘述聖瓦茨拉夫一生事蹟的雕刻。
2. 聖奕志教堂。
3. 瓦茨拉夫一世的棺槨，以及後方祭壇上那尊完成於十四世紀的聖瓦茨拉夫一世像。
4. 聖維特大教堂一景。

Pražský *hrad* ~ Prague *Castle*

慕夏
以「新藝術」的畫風
聞名於世，作品被廣泛地
運用到裝飾藝術、海報、
建築、日常生活用品等方
面，同時從事珠寶、壁
紙、地毯、劇場擺設等設
計。慕夏堅持創作和設計
都要從內心出發，因為藝
術的存在是為了傳遞精神
的訊息。捷克在1918年獨
立建國時，委託慕夏設計
了郵票、鈔票以及許多官
方文件；他同時也投注大
量心力完成二十幅《斯拉
夫史詩》，以實現其歌頌
斯拉夫歷史的夢想。

設—聖瓦茨拉夫的棺槨，以及後方祭壇上那尊完成於十四世
紀的聖瓦茨拉夫像。禮拜堂內四面牆壁上還有描繪著聖瓦茨
拉夫一生的精彩壁畫，而南側那一扇有著七個鑰匙孔的門，
則是通往存放「捷克珍寶」的廳室。

■ 波希米亞的鎮國之寶

瓦茨拉夫在生前致力於宏揚基督教義，逝世之後更被追
封為「聖‧瓦茨拉夫」，後來繼承波希米亞王位的盧森堡王
朝名君——卡爾四世（*Karel IV.1316~1378*）對聖瓦茨拉夫也
相當尊崇，他下令為1347年的加冕典禮製作一組皇家寶物，
這組「捷克珍寶」包括皇冠、權笏、寶球等，卡爾四世特別
把這鼎王冠命名為「聖‧瓦茨拉夫王冠」。從此之後，不論
任何人出任波希米亞國王，都必須到布拉格使用「聖‧瓦茨
拉夫王冠」加冕，捷克的疆域也因此被稱之為「聖‧瓦茨拉
夫王冠的領土」，這項傳統一直沿襲到1836年。目前這組
「捷克珍寶」就收藏在聖維特大教堂裏，每隔五年才移到隔
壁的伏拉第斯拉夫大廳公開展示一次，而且必須同時由捷克
總統、總理、布拉格大主教、參眾兩議院的議長、聖維特大
教堂司祭長與布拉格市長等七個人持用各自保管的七把鑰匙
才有辦法打開這一扇保護捷克國家寶藏的門。

長久以來捷克流傳著一則有關於「捷克珍寶」的傳
說，據說只要是以不正當的手段擁有這組寶物的人都
會很快地死於非命，這一則古老的傳說在納粹德國入
侵捷克的時候竟然真的發生了！——捷克在慕尼黑會
議中被英國和法國的「綏靖政策」所出賣，1939年3
月15日納粹德國隨即併吞捷克，希特勒於布拉格城
堡宣告將「波希米亞‧摩拉維亞」降為德國的保護
國，併入納粹德國的版圖。1941年9月德國派遣納
粹黨衛隊的第二號人物海德利希（*Reinhard Tristan
Eugen Heydrich，1904~1942*）負責管理波希米亞

聖魯蜜拉

◀收藏在聖維特大教堂的「捷克珍寶」可不是誰都可以擁有的，傳說如果以不正當手段取得，會死於非命！

▶慕夏的彩繪玻璃作品。

▼聖瓦茨拉夫一世公爵雕像的下方分別有聖魯蜜拉、聖弗伊帖赫、聖普羅克普、聖阿涅胥卡（在聖普羅克普的斜對角）四位聖徒的雕像。

與摩拉維亞的德軍佔領區，海德利希為人不但冷酷而且心狠手辣，他在執行迫害猶太人方面尤其積極；1941年11月19日逼迫傀儡總統哈賀（Emil Hácha）交出「捷克珍寶」之鑰，但是沒過多久，他就在次年五月遭到反抗軍刺殺而身亡！

■聖瓦茨拉夫的護國故事── 勃拉尼克山傳說

聖瓦茨拉夫一直被捷克人視為民族的守護者，捷克民間也因此流傳著許多相關的傳說。其中「勃拉尼克山傳說」（Blaník）提到聖瓦茨拉夫和一大群愛國武士們的英靈沉睡在波希米亞中部的勃拉尼克山裏，一旦祖國遭受外侮，這群武士的英靈就會甦醒過來，在聖瓦茨拉夫一世的率領之下解救祖國的危難。這一則傳說也激發了史梅塔納的創作靈感，《我的祖國》交響詩裏的第六樂章就是以勃拉尼克山為標題，引用聖瓦茨拉夫率領眾武士的英靈解救祖國免於外侮的主題作為光輝燦爛的結束。

另外，聖瓦茨拉夫也是聖誕歌曲《好國王》裏的主角，歌詞提到在聖誕節的次日，好國王瓦茨拉夫和隨從們冒著天寒地凍的風雪外出贈送食物給窮苦的人們，他的隨從們一度因為狂暴的風雪而想要勸阻國王放棄任務，但當他們踏到瓦茨拉夫腳步的雪印時，竟奇蹟似的感覺通體溫暖，最後得以安然圓滿地完成這項慈善任務！由這許多傳說故事看來，聖瓦茨拉夫在捷克人心目中的重要地位不言而喻。

■聖弗伊帖赫──為傳教而殉道的聖徒

聖弗伊帖赫（Svatý Vojtěch，約956~997）出生於布拉格東部齊德利諾河畔的利比策（Libice nad Cidlinou）一個名叫斯拉夫尼克（Slavník）的貴族家庭，這個家族和布拉格的普列彌修家族一直處於敵對競爭的狀態。

聖瓦茨拉夫

聖普羅克普

聖弗伊帖赫

神聖羅馬帝國

完整的全名為「德意志民族神聖羅馬帝國」或稱為「日耳曼民族神聖羅馬帝國」，是在西元962年至1806年之間，疆域涵括了西歐和中歐地區的一個封建帝國。因為被日耳曼人追溯為承繼羅馬帝國正統而來，所以稱之為神聖羅馬帝國。神聖羅馬帝國早期是統一的帝國型態，但是到了中世紀以後卻逐漸演變成一個由承認皇帝為最高權威的公國、侯國、伯國、宗教貴族領地和自由市所構成的政治聯合體。

德國人在論述他們的歷史時，習慣將神聖羅馬帝國定義為「第一帝國」，與後來由普魯士王國所主導的德意志帝國（1871-1918，史稱「第二帝國」）以及納粹時期（1933-1945，史稱「第三帝國」）同時討論。

因為弗伊帖赫的父親和德國薩克森王室有著血緣上的關係，因此他曾前往德國的馬格德堡接受教育；儘管可以過著優沃的舒適日子，但弗伊帖赫還是決定獻身於傳教的事工，並很快地在982年當上了布拉格主教。不過當時波希米亞仍有很多人維持著原來的多神崇拜與一夫多妻制，布拉格的貴族們也對他採取仇視的態度，使得傳教工作推展得並不順利。因此弗伊帖赫於989年退隱到羅馬修道，一直到993年羅馬教皇約翰十五世再度派遣他出任布拉格主教，他才又返回波希米亞，在布拉格附近創設伯瑞夫諾夫修道院（Břevnovský klášter），但是波希米亞的貴族們卻依然對弗伊帖赫採取敵視的態度。

995年9月28日普列彌修家族的波列斯拉夫二世（Boleslav II. Pobožný，約920~999）聯合貴族維休夫齊（Vršovci）武裝突襲弗伊帖赫的故鄉利比策，而且殘酷地殺害了弗伊帖赫的其他兄弟和親族們。弗伊帖赫雖然逃過一劫，但是卻也無法待在布拉格，於是轉往匈牙利北部傳教，並且幫匈牙利大公蓋薩（Géza，約945~997）和他的兒子聖伊斯特凡一世國王（Saint Stephen I，約967~1038）施洗，聖伊斯特凡一世國王是將匈牙利從遊牧部族社會轉型成封建國家的君王，他後來在1001年接受教皇加冕正式登基稱王。

弗伊帖赫成功地將基督信仰推廣到匈牙利之後又繼續轉往波蘭以及普魯士。當時的波蘭大公勇者波列斯瓦夫一世（Bolesław I Chrobry，967~1025）非常景仰弗伊帖赫，甚至派遣士兵護送他前往普魯士傳教。弗伊帖赫為了破除普魯士原住民的多神崇拜、傳播福音，他不顧警告地砍下了普魯士原住民認為有神靈居住其中的橡樹，因此而遭到普魯士原住民的逮捕並將他予以處決。波蘭大公勇者波列斯瓦夫一世後來以等重量的黃金將弗伊帖赫的遺體從普魯士原住民手中贖回，安葬在波蘭格涅茲諾（Gniezno）的大教堂中。弗伊帖赫為信仰殉教，他不僅成為捷克人心目中的聖徒，而且也讓匈牙利、波蘭、普魯士地區的人們都一致尊奉他為聖者。1997年適逢他逝世一千

◀神聖羅馬帝國創立者奧圖
一世的皇冠。
▼在歐塔卡一世統治波西米
亞期間，神聖羅馬帝國皇
帝認可了波希米亞的王位
由貴族選舉產生，帝國將
不再加以干涉。捷克人因
此將他的肖像畫在面額20
克朗的鈔票上以紀念這件
史實。
▼捷克人為了紀念阿涅胥卡
公主，在面額50克朗的紙
鈔上繪著她的肖像。

年紀念，教宗若望保祿二世也親臨波蘭格涅茲諾大教堂為聖
弗伊帖赫舉行了紀念彌撒。

■■行醫療神蹟的聖徒──聖普羅克普

聖普羅克普（*Svatý Prokop*，970~1053）出生在剛接受基
督信仰不久的波希米亞，1003年他被授予神職的工作，然而
卻一直過隱居的修道生活，直到1029年才返回波希米亞，待
在中部薩乍瓦（*Sázava*）河谷地區傳教；1032年在歐德利希公
爵（*Oldřich*，約975~1034）的贊助之下，普羅克普在薩乍瓦
設立了一座修道院同時擔任院長，他以宗教醫療治癒許多病
患而聲名遠播，因此也被捷克人奉為聖徒。

■■紙鈔上的公主──聖阿涅胥卡

聖阿涅胥卡（*Svatá Anežka Česká*，1211~1282）是波希米
亞國王歐塔卡一世（*Přemysl I. Otakar*，約1155~1230）最年幼
的女兒。在歐塔卡一世統治期間，神聖羅馬帝國皇帝腓特烈
二世（*Fridrich II.*）於1212年頒佈了《西西里金璽詔書》（*Die
Golden Bulle von Sizilien*），承認波希米亞的王位由貴族選舉
產生，帝國不會再加以干涉；從此之後在組成帝國的眾多諸
侯當中，波希米亞躍居於首席的地位。

阿涅胥卡公主原本衣食無憂的安逸生活，因為父
親所安排的政治聯姻失敗而告終。由於不願意再度成
為父親的傀儡，於是毅然遁世，在教皇葛利果九世的
協助之下，籌建聖方濟慈善醫院和修院。阿涅胥卡
公主堅守安貧樂道的生活，救濟照料孤苦無依的貧
民，捷克人因此將她視為國家的守護者之一，除了為
她在聖瓦茨拉夫廣場上豎立雕像之外，也在面額50克
朗的紙鈔繪上了她的肖像；但是一直到1989年天鵝絨
革命之前她才被教宗若望保祿二世追封為聖徒。

鐵金國王與寶山庫特納霍拉

直到今天，我們還能在鑄幣博物館看見表演人員穿著仿照當年鑄幣工的服裝，用鐵鎚和鑄模敲打出一個又一個硬幣。

十三世紀是波希米亞快速向外擴張的年代，在著名的「鐵金國王」歐塔卡二世（*Přemysl II. Otakar*，約1230~1278）任內，透過婚姻和爭戰的方式將版圖擴展到上、下奧地利、斯蒂利亞等地區，將現在波蘭西南部往南一直到義大利北部的土地全部納入波西米亞的勢力範圍之內。「鐵金國王」（*král železný a zlatý*）這個封號的由來是因為他擁有當時中歐地區最強大的鐵騎兵團，幾乎每次戰役都傳出捷報；另一方面，也是因為他的領土廣闊、財源富足，而且對於部屬的賞賜頗為豐厚，所以博得這個名聲。連文藝復興時期最偉大的詩人但丁（*Dante*，1265~1321）都在他那部傳世大作《神曲》中（*Divine Comedy*）尊稱他是「當代的偉人之一」。

■連戰皆捷的鐵金國王——歐塔卡二世

歐塔卡二世在1255年曾經率領波希米亞和奧地利的

▲ 波希米亞南部以生產啤酒著名的切斯凱布迭優維茨，市中心擁有一座全捷克境內最大的廣場，就是以歐塔卡二世為名。

◀ 繪有歐塔卡二世肖像的郵票

◀ 庫特納霍拉的聖芭芭拉大教堂已經被列入世界文化遺產。

```
  3
1
2
```

1. 鐵金國王歐塔卡二世的肖
   像，畫面左上角有他的紋
   章，象徵波西米亞的紅底
   白色立獅，後來也演變成
   捷克的國徽。
2. 文藝復興時期最偉大的詩
   人但丁與他那部傳世大作
   《神曲》。
3. 慕夏的《斯拉夫史詩》有
   一幅描述歐塔卡二世主持
   姪女和匈牙利王子的婚禮
   之作。

軍隊，會同歐洛慕茨（Olomouc）主教的摩拉維亞與德意志的薩克森等聯軍一共六萬人馬，前往波羅的海東南岸的普魯士地區，以軍事力量強迫當地的原住民接受基督信仰，普魯士地區的原住民因此遭受到屠戮甚慘。後來德意志條頓騎士團為了紀念歐塔卡二世的軍功，特別在普魯士原住民的根據地附近營建了一座名叫「科尼斯堡」的城池，這個地方後來發展成東普魯士的首府，歷任普魯士國王加冕典禮也都在此舉行。科尼斯堡對人類文化史的重要貢獻莫過於它曾經孕育出十八世紀德國的哲學大師——康德（Immanuel Kant，1724~1804）。康德著作等身，他的哲學體系結合了英國的經驗主義和歐洲大陸的理性主義，對於德國唯心主義與浪漫主義的影響非常深遠，他終其一生未曾離開過科尼斯堡。此地在二次大戰以後成了俄羅斯的領土，俄國人將此地改名為卡里寧格勒（Kaliningrad），現在是俄羅斯位於波羅的海的一個戰略要港。

鐵金國王歐塔卡二世擴張版圖的勁敵之一是匈牙利國王貝拉四世（Béla IV.，1206~1270）。這兩位競爭者為了爭奪奧地利和斯蒂利亞，於1260年在摩拉瓦河畔的克雷森布努戰役（Bitva u Kressenbrunnu）中互相對壘，雙方都遵守騎士精神，先讓匈牙利的部隊渡河，待兩軍在河邊佈陣妥當之後，歐塔卡二世的捷克貴族部隊才正式迎戰匈牙利的輕騎兵。據說正當兩軍陷入混戰的時候，天空中忽然出現了捷克守護者聖瓦茨拉夫的影像，於是捷方士氣大振，才得以擊敗勢均力敵的匈牙利軍團。但是在戰事結束之後，歐塔卡二世卻迎娶了匈牙利國王的孫女，希望藉此聯姻來修補雙方緊繃的關係。

慕夏在晚年耗費了16年的光陰，於1928年完成的二十幅巨作——《斯拉夫史詩》（Slovanská epopej）當中，也為這位「鐵金國王」的功績畫下見證。這幅作品描繪1261年時，歐塔卡二世在布拉第斯拉瓦（Bratislava）為自己的姪女和匈牙利王子主持婚禮的場景。在巨大奢華的帳棚裏，慕夏將歐塔卡二世安置在畫面中最光亮的地方，藉以顯現他的權威；歐塔卡

二世牽起了男女雙方的手，在眾多受邀前來觀禮的王公貴族面前主持完婚，藉此強調波希米亞王的實力不容小覷。慕夏將臣服於歐塔卡二世的諸侯徽章一一陳列在帳幕的拱圈之處，並且將來自各方的珍寶賀禮堆放在畫面左側，以此彰顯歐塔卡二世的權勢與財力。

斯拉夫史詩

慕夏晚年耗費了16年的光陰，在1928年完工的二十幅巨作，描繪捷克和斯拉夫族歷史上的重要大事。每一幅畫作都達到兩層樓高，從1954年起存放在摩拉夫斯基‧庫倫洛夫這個捷、奧邊界附近的寧靜小鎮。

連年爭戰所累積的政經實力讓歐塔卡二世儼然成為神聖羅馬帝國境內最具有問鼎皇帝寶座的諸侯，然而波希米亞的強盛卻也讓其他諸侯們開始憂慮，若是歐塔卡二世選上了神聖羅馬帝國皇帝，勢必會對他們的既得權益造成相當大的影響，於是諸侯們在1273年的帝國會議上推選他們認為最平庸的哈布斯堡家族魯道夫（*Rudolf von Habsburg*，1218~1291）擔任皇帝，然而他們萬萬想不到此舉卻締造了日後影響歐洲政局深遠的哈布斯堡王朝。

歐塔卡二世惱羞成怒拒絕承認魯道夫一世，他要求教皇另行為他加冕稱帝未遂，於是和魯道夫一世展開了一連串的戰爭，試圖以軍事上的勝利來強登帝位。但是這一次捷克的守護者聖瓦茨拉夫似乎沒有眷顧歐塔卡二世，1278年8月26日在杜倫庫魯特（*Dürenkrut*）戰役當中，衝鋒陷陣的鐵金國王在兩軍混戰時被迎頭一劈，當場殞命。哈布斯堡家族隨後併吞了他的大部份江山，並且統治這一片廣大的領土直到1918年第一次世界大戰結束。歐塔卡二世後來被安葬在聖維特大教堂內的薩克森禮拜堂，1976年12月，科學家們曾經打開他的棺槨進行研究，他們發現雖然鐵金國王被劈開的頭骨還是被銀質貼金箔的王冠包覆著，但是卻已經漸漸灰化成塵土了，這項研究大概印證了「權勢只是過眼雲煙」的鐵律吧！

🚌 **庫特納霍拉**

在布拉格中央火車站以及Florenc巴士總站，每天都有鐵、公路班車前往庫特納霍拉。由庫特納霍拉的火車站或巴士站徒步走到市中心大約都在800公尺左右。

■ 挖掘寶物的山——金融重鎮庫特納霍拉

十三世紀時在波希米亞地區，從伊赫拉瓦（*Jihlava*）到庫特納霍拉（*Kutná Hora*）之間的條狀地帶，出現了大量豐富的銀礦礦脈；另一方面，因為歐塔卡二世十分歡迎有專業技能的日耳曼移民，他還立法保障這些新住民的權益，因此許多新興的市鎮和商業聚點也有如雨後春筍般地紛紛出現。例如現在波希米亞南部以生產啤酒著名的切斯凱・布迭優維茨（*České Budějovice*），當地市中心擁有一座全捷克境內最大的廣場，就是以歐塔卡二世為名以紀念這位衝勁十足的鐵金國王，相信到過這個廣場的朋友們一定會對它廣大的面積、正中央的參孫噴泉以及四週裝飾精美的建築物感到印象十分深刻！

銀礦的開採讓波希米亞的統治者擁有了豐富的財源，也使得庫特納霍拉在中世紀成為僅次於布拉格的政經要地。庫特納霍拉的地名在捷克語的意思就是「挖掘寶物的山」，此地挖掘銀礦的歷史最早可以追溯到十世紀；1142年來自法國的西妥會（*L'ordre cistercien*）在庫特納霍拉鄰近的賽德列茨（*Sedlec*）設立了他們在波希米亞的第一所修道院，不僅成為周遭地區的文化中心，也因為改良了耕作方式為將來這個地區湧進的大量人口預先做了準備，讓庫特納霍拉得以在十三世紀一躍成為歐洲的金融重鎮。

2
3
1

1.1995年被聯合國教科文組
織正式列入世界文化遺產
名錄的庫特納霍拉早在中
世紀就是金融重鎮。

2.通行中歐各地的著名貨幣
「布拉格格羅申」是在庫
特納霍拉鑄造的,正面以
拉丁文grossi pragenses環繞
著波希米亞的王冠。

3.布拉格格羅申的背面則是
代表波希米亞的立獅,因
為它的純度達到千分之
九三三,所以一直為中歐
地區的國家廣泛使用。

　　1260年,有人在賽德列克修道院的教產上發現了銀礦,
消息傳出之後開始吸引伊赫拉瓦的日耳曼礦工們來到此地採
礦,才開始有系統地大量開採銀礦。隨著不斷湧進的「掏銀
潮」,1290年時庫特納霍拉已經急速成長為一個採銀礦城
市。1300年,瓦茨拉夫二世國王頒佈了採礦法令,同時設立中
央鑄幣廠,此後直到1547年在捷克靠近德國的邊界城市亞希莫
夫(*Jáchymov*)一地發現新礦脈而改鑄新貨幣塔勒(*Thaler*)
之前,通行中歐各地的著名貨幣——「布拉格格羅申」都是在
此地鑄造的。布拉格格羅申的正面以拉丁文grossi pragenses環
繞波希米亞的王冠,背面則是代表波希米亞的立獅,因為它的
純度達到千分之九三三,所以一直為中歐地區的國家所廣泛接
受使用。

　　庫特納霍拉的銀礦也引起神聖羅馬帝國皇帝阿布烈希特的
覬覦,1300年他下令庫特納霍拉必須繳交兩萬公斤的銀,否則
就必須停止開採銀礦,為此,帝國軍隊還出兵包圍了庫特納霍
拉城強迫就範。三年之後皇帝又重施故技,不過這一次庫特納
霍拉因為早已經修築了堅固的防禦工事,做好萬全的準備,因
此得以瓦解皇帝的要脅。一直到今天,遊客仍然能夠看見部份
當年的城牆遺址。

　　庫特納霍拉在十五世紀時歷經胡斯戰爭的動亂,原本的
日耳曼居民們因為戰亂而大量死亡或者逃難到其他地區,因
此人口和經濟活動都一度銳減。出生於波蘭的瓦拉第斯拉夫
(*Vladislav Jagellonský*,1456~1516)受到胡斯派國王波迭布
拉德(*Jiříz Poděbrad*)的遺孀薦舉,於1471年受加冕成為波
希米亞國王。1627年耶穌會在此地設立,開始將原來的胡斯派
信仰轉變成天主教信仰。由於庫特納霍拉的銀礦逐漸枯竭,
在1727年終於因為喪失鑄幣權而逐漸蕭條。但是到了十九世
紀,庫特納霍拉首度被捷克的民族主義運動列入了保護文物之
列,1995年的時候更被聯合國教科文組織正式編入世界文化遺
產名錄。

🚌 聖芭芭拉大教堂

已經被列入世界文化遺產，距離庫特納霍拉的火車站或巴士站大約1.5公里，徒步前往還可以欣賞鎮上的其他景點。

🚌 火藥塔

位於布拉格市政廳旁，建於十一世紀。它原本是布拉格的13座城門之一，因為從庫特納霍拉運來的銀幣都是從這裡進入市區，因此在交通上的地位顯得十分重要。十七世紀以後因為改為存放火藥，所以才有火藥塔的名稱流傳至今。

■ 五百年的孤寂——聖芭芭拉大教堂

今日的庫特納霍拉雖然因為銀礦的枯竭而不復當年的繁華，但是自從捷克於1990年大力擺脫共產社會的陰影邁向自由民主之後，觀光事業又開始為此地帶來繁榮。今天觀光客們來到此地旅遊一定會參觀**聖芭芭拉大教堂**（*Chrám svaté Barbory*），這座已經被列入世界文化遺產的大教堂是由著名的建築師楊‧帕列駬（*Jan Parléř*）於1388年設計監工，他的父親就是布拉格最著名的聖維特大教堂與卡爾大橋的建築師彼得‧帕列駬（*Petr Parléř*）。但是聖芭芭拉大教堂的施工過程卻因為戰亂等因素而被迫多次中斷，一直拖延到1482年才由雷伊塞克（*Matyáš Rejsek*）和雷伊特（*Benedikt Rejt*）予以復工；未料從1588年到1884年工事再度陷入停擺，整座大教堂一直到1905年才全部竣工。

雷伊塞克的其他著名建築作品還有布拉格**火藥塔**（*Prašná brána*），他為聖芭芭拉大教堂設計了主祭壇上方的穹頂，其他的三分之二則由繼任者雷伊特所負責。當我們進入教堂仰頭觀賞，很容易就可以分辨出兩者風格的差異——雷伊塞克走的是精緻路線，雷伊特則偏好雄渾的架構。雷伊特還有一件著

名的作品，就是布拉格城堡區內舊皇宮的伏拉第斯拉夫大廳（Vladislavský sál），凡是到過這座大廳的遊客一定對這座長60公尺、寬16公尺、高12公尺的大廳印象十分深刻，因為雷伊特混合運用了晚期哥德式和早期文藝復興式風格來架構妝點這座全歐洲最大單一構造廳體的穹頂。

芭芭拉大教堂西側大門入口附近的牆壁上還有十五世紀的壁畫原蹟，和一般教堂最大的不同點在於主角是當年負責鑄造錢幣的工匠，而不是常見的《聖經》人物。大教堂內還有十八世紀所雕刻的銀礦工塑像，細心的訪客會問：為何身著灰白色工作服的銀礦工腰際以下還披掛著一條棕黑色的布？其實那是皮革，因為當時的採礦技術全靠人和動物的勞動力，礦坑十分窄小，有些直立坑也僅能容一人通過，所以這些辛苦的礦工們幾乎都是以「溜滑梯」的方式深入地下的礦場，採到銀礦之後才又費力地爬回地面，礦工們披掛皮革是為了避免褲子在滑下礦坑的過程當中磨損。

■ **鑄幣博物館的前身——義大利庭園**

至於當年的鑄幣廠兼皇家蹕駐所，則因為聚集了遠從佛羅

🚂 **鑄幣博物館**

星期一公休。展覽室裡有歷任國王的畫像和當時流通的硬幣模型。

🚂 **人骨教堂**

搭火車到庫特納霍拉後，走沒幾分鐘就可看到，門票還算便宜，這裡的紀念品，賣的就是不同size的骷髏頭啦！

1. 曾經聚集義大利工匠的鑄幣廠，如今已經成為供人參觀的鑄幣博物館。
2. 鑄幣廠博物館現場還有打扮成當年鑄幣工穿著的員工用鐵鎚與鑄模敲打出硬幣的精彩表演。
3. 十四世紀時的鑄幣工具。
4. 人骨教堂的特殊風格，吸引了許多遊客的目光。
5. 大量堆積枯骨，經徹底消毒後，成為教堂的裝飾。
6. 訪客們可以在售票處選購一本「庫特納霍拉護照」，讓索沃娃小姐（Stáňa Sovová）幫您蓋印旅遊紀念章。
7. 導覽員柯貝洛娃（Jitka Korbelová）小姐正在解說鑄幣廠的窗戶加上鐵條以保護銀幣的歷史典故。

倫斯被聘請來此鑄幣的義大利工匠，所以又被稱為「義大利庭園」，現在已經改成了**鑄幣博物館**供人入內參觀。訪客們可以在售票處順便選購一本「庫特納霍拉護照」，讓庫特納霍拉各個景點的服務人員幫您蓋印旅遊紀念章。鑄幣廠內除了安排專業的導覽員一一解說各個廳室的歷史典故之外，現場還有打扮成當年鑄幣工穿著的志工用鐵鎚與鑄模一一敲打出硬幣的精彩表演。據說當年這些義大利鑄幣工匠們後來都因為工作時巨大的敲擊聲響而紛紛罹患了重聽。

■近年竄紅的新景點——人骨教堂

近年來在庫特納霍拉鄰近的賽德列茨還有一座吸引了許多遊客的新景點——「人骨教堂」（kostnice Sedlec），就在全聖修道院墓園的正下方。1278年，賽德列茨的西妥會修道院院長殷德利希（Jindřich）受鐵金國王歐塔卡二世指派前往聖地耶路撒冷，他回來時帶了一把聖地的土壤，並且將之撒在修道院的墓園中，消息傳出之後此地很快地就變成了中歐權貴們身後最希望的埋葬之處。1511年，一位半盲的修道士把十四世紀黑死病以及十五世紀初胡斯戰爭時遭到遺棄的骨骸堆放於修道院當中。修道院在1870年又被桑提尼（J. Santini）改建成現在的巴洛克式建築，而後來買下這座教堂的許瓦岑貝爾格（ze Švarcenberka）家族，聘請František Rint木雕家設計，將這些堆積如山的四萬具枯骨徹底消毒之後，做成教堂的裝飾。現在的「人骨教堂」遊客如織，大概也是衝勁十足的鐵金國王歐塔卡二世始料未及的吧！

全民公認的好國王No.1——卡爾四世

*中歐最古老的大學、歐洲最美麗的橋樑、璀璨
的波希米亞文化盛世……，全部都是他留給捷
克人的珍貴資產。*

如果你請教捷克人，歷史上那些人是他們心目中的好國王？名列
榜首的一定是卡爾四世！原因不只是在他任內捷克的國力達到鼎盛，
更重要的是他在文化、行政、國防等各方面的建樹，遺留給後人許多
有形和無形的寶貴資產。例如當我們一提到「捷克」或者是「布拉
格」這個名詞的時候，許多人一定會馬上聯想到橫跨在伏拉塔瓦河上
的卡爾大橋以及遠方布拉格城堡區所共同構成的一幅美麗畫面，而這
些景物大多都是卡爾四世的政績。但是要了解這位好國王的事蹟，
我們還是得先從他的父親——盧森堡家族的楊（*Jan Lucemburský*，
1296~1346）談起。

■捷克的第二個王朝——盧森堡王朝

普列彌修王朝於1306年因為瓦茨拉夫三世的戰死沙
場而告終，從此波希米亞便陷入了哈布斯堡家族魯道

▲ 從卡爾大橋眺望城堡區的夜景。

◀ 卡爾四世在他所頒佈的《金璽詔
書》上，明訂神聖羅馬帝國皇帝
的選舉規則。

◀ 見證捷克諸多悲歡離合的卡爾大
橋，不僅是捷克境內的美景，也
是卡爾四世的豐功偉績。

1. 盧森堡家族的楊，又被稱
   為「盲者約翰」（John the
   Blind）。
2. 威爾斯王子的個人紋章。
3. 面額100克朗的紙鈔上，繪
   著捷克人民心中好國王卡
   爾四世的肖像。

夫一世和卡林西亞亨利六世爭奪王位的混亂局面。這時候，來自盧森堡家族的楊，藉由姻親關係以及貴族們的支持而得以登上波希米亞王位，正式開啟了捷克的第二個王朝——盧森堡王朝（Lucemburkové，1310~1437）。楊會講法語和德語，卻不會講捷克語，這使得他的子民們對他始終有一股距離感；再加上他十分醉心騎士精神而且熱衷於軍旅生涯，因此當時歐陸的大小戰役他幾乎都未曾缺席，所以當時歐洲就流行著這麼一段話：「如果沒有上帝和波希米亞國王的協助，就會一事無成！」但是波希米亞的人民卻發現，只要讓他們的國王把錢揮霍在軍事行動上，反而可以使國內清靜許多，因此他們也寧願國王常年在外征戰；相對地，波希米亞也就成為中世紀騎士們最不喜歡待的地方！

　　盧森堡家族的楊在1336年隨同條頓騎士團征戰立陶宛時染病而喪失了視力，所以才又有了「盲者」的別號，但是他縱使雙眼失明，個性卻依然勇猛好戰。1346年8月，他迫不及待地率領兒子卡爾和五百位波希米亞戰士投入英法百年戰爭的一場大戰役。波希米亞在克雷希這一場戰役中協助法軍，但是沒想到英軍卻因為巧妙地運用地形和長弓手戰術而大破法軍陣營的重裝甲騎士與十字弓兵；波希米亞國王父子當時擔任法軍的先鋒，當法軍的前線部隊一路潰敗向後竄逃時，盲者‧楊卻堅持發揮他的「騎士精神」，下令兩名部屬將戰馬和他的座騎綁在一起，三組人馬一齊率領其他的波希米亞武士們衝向敵陣，他並且高喊：「感謝上帝！大家將不會說波希米亞國王臨陣退縮了！」法軍在克雷希戰役以大敗的結局收場，英王愛德華三世清點完戰場之後，很有禮貌地將盲者‧楊的遺體送還給波希米亞王子卡爾。有著「黑王子」稱號的英國威爾斯王子（Edward of Woodstock，Prince of Wales，1330~1376）雖然協助父王贏得了一場漂亮的勝利，可是他也因為目睹了波希米亞國王以及部屬們的英勇作戰行為而大表欽服，為了表達對於波希米亞國王的崇敬之意，英國王子將原本屬於波希米亞國王盲者‧楊的個人紋章中那一對黑色羽翼和銘辭「我服事（ICH

哥德式建築

介於羅馬式和文藝復興建築之間，於1140年左右誕生於法國，從十二世紀流行至十五世紀的建築風格。哥德式建築（Gothic architecture）最主要的元素包括尖拱、肋筋穹窿和飛扶壁，此外，大型彩色玻璃窗也是普遍可見的特色。為了強化建築本體與地面垂直、向天際無限延展的效果，建築師們揚棄羅馬式建築的厚重牆壁，轉而大量運用筋骨穹窿、尖拱形窗戶、飛樑及扶壁等技術，使得建築外觀出現大量銳角組合，展現輕快、靈巧的力道，創造其特有的動感與旋律，並顯得異常華麗優美。整體而言，哥德式建築風格高聳削瘦，以卓越的建築技藝表現出神聖、崇高的強烈情感。

DIEN）」予以稍加修改之後引為己用，成為威爾斯王子的個人紋章沿用至今！

■ 璀璨的波希米亞文化盛世

卡爾在父親戰歿之後即位為王，但是他和父親的個性卻截然不同，卡爾喜歡以談判來解決紛爭；雖然他不像父親那麼勇猛好戰，但是他不但勤於內政，而且懂得運用聯姻與外交手段來拓展領土藉以提昇波希米亞的國際地位。卡爾出生在布拉格，從小就被送往法國宮廷接受教育，因此通曉法、德、拉丁和捷克語，而且頗具國際觀。他待在法國時的宮廷教師後來成了亞威農的教皇克雷蒙六世（*Pope Clement VI*，*1291~1352*），在克雷蒙六世的協助之下，1344年布拉格昇格為大主教區，卡爾也遠從亞威農邀聘名建築師馬堤鄂（*Matyáš z Arrasu*，約*1290~1352*）前來布拉格，請他將布拉格城堡區內羅馬式的聖維特教堂擴建成哥德式的大教堂，希望透過提高波希米亞教會的地位來強化王權、削弱貴族的勢力。1347年，卡爾從布拉格大主教手中接過一頂新的王冠，也就是目前仍然存放在聖維特大教堂中的「捷克珍寶」，向問鼎神聖羅馬帝國帝位邁開了大步，其後也在1355年如願地登上了皇帝的寶座，稱號——卡爾四世。

卡爾四世隨即於1356年在紐倫堡（*Nürnberg*）帝國會議上頒佈了著名的《金璽詔書》（*Zlatá bula Karla IV.*），明訂神聖羅馬帝國皇帝由七位選侯選舉產生，這七位選帝侯分別為波希米亞國王、梅茵茲、特里耶、科隆三位大主教（*der Erbischöfe von Mainz，Trier，Köln*）和萊茵伯爵（*der Pfalzgraf bei Rhein*）、布蘭登堡侯爵（*der Markgraf von Brandenburg*）、薩克森公爵（*der Herzog von Sachsen*）；從此確立了波希米亞王在神聖羅馬帝國內的首席地位，希望能夠避免選舉時所發生的不必要紛擾與戰禍。

卡爾四世不但長期待在布拉格，而且將此地選定為帝國首都，他也為捷克的未來做了多項影響深遠的施政建設──引進法國和義大利的文化，在捷克原有的普列彌修王朝文化基礎上再注入日耳曼民族的活力，因此波希米亞王國得以迅速地蛻變成百花齊放的多元文化匯聚之地！

■不再乞討知識的果實──中歐最古老的卡爾大學

卡爾國王決心要提昇波希米亞的文化，他在1348年所創立的「布拉格卡爾大學」（*Univerzita Karlova v Praze*）是中歐地區的第一所大學，卡爾要求好友克雷蒙六世依據法國巴黎大學的模式來規劃包含神學院的組織架構；並在創校的章程中強調：「我們這個國度的忠貞國民們，對於知識十分地渴求，因此我們不應該再向外人乞討知識的果實！」

卡爾大學根據學生的來源分成波希米亞、拜昂、薩克森、波蘭等四個學院，遇有重大校務時必須由各個學院投票議決。但是因為捷克人只佔四分之一，許多議題經常被外籍的多數票給否決掉，後來在民族意識逐漸高漲的氛圍之下，校方迫於壓力決定修改投票章程，卻因此激起了外籍師生的不滿而決定出走另外創設學校，而這也就是今天德國萊比錫大學成立的原因！卡爾大學在普拉胥斯基（*Jeroným Pražský，1379~1416*）等人的引介之下接受了英國牛津大學宗教改革者威克利夫（*John Wycliffe，約1320~1384*）的學說，後來在校長楊‧胡斯（*Jan Hus，約1369~1415*）的倡導之下，比德國的馬丁路德（*Martin Luther，1483~1546*）早一個世紀提出宗教改革的主張，由此引發後來的「胡斯戰爭」。

卡爾十分推崇捷克的護國聖徒聖瓦茨拉夫，因此卡爾大學將卡爾國王跪拜在手持長矛的聖瓦茨拉夫旁的圖騰當作校徽沿用至今。卡爾本身頗有文采，更是少數幾位受過教育的中世紀國王。卡爾大學的教授楊‧辛戴爾（*Jan Šindel，1370~1443*）

1. 位於十字騎士廣場的卡爾四世雕像。
2. 校徽高懸在卡爾大學附屬的書店正門上方。
3. 布拉格天文鐘已成為熱門景點之一。
4. 在卡爾大學書店內，可以買到各種罕見的捷克地圖以及明信片等。
5. 在卡爾大學附近享用一份道地的捷克烤鴨餐。
6. 卡爾大學的大禮堂，牆面有卡爾國王跪拜在手持長矛的聖徒聖瓦茨拉夫旁的校徽掛毯，左方有卡爾四世的雕像。
7. 卡爾大學書店內親切的服務人員秀出捷克歷代的帝系表，對歷史有興趣的朋友千萬不要錯過。

🚂 卡爾大橋
卡爾大橋橫跨在伏拉塔瓦河上，東西向連結布拉格的舊城和小城區，除了清晨與深夜，橋上隨時都擠滿了遊客，是布拉格的重要景點之一。

在數學和天文學方面的研究成果與成就也影響了十六世紀時先後來到布拉格的天文學家師徒逐谷與克普勒。辛戴爾也和另一位友人米庫拉許（*Mikuláš*）合作，在1410年完成了複雜又著名的布拉格天文鐘，這座天文鐘曾經分別在1490年和1552年予以翻修，成為布拉格的熱門景點之一。

　　卡爾大學和捷克的歷史緊密地結合在一起，當波希米亞在白山戰役失利之後喪失了政治上的獨立自主權，連帶最高學府也受到哈布斯堡政治勢力的干預，校名一度被改為「卡爾——斐迪南大學」，一直到1918年奧匈帝國崩解、捷克再度獨立建國之後才恢復原名。它在二次大戰納粹德國佔領與1948年之後的共產黨高壓統治期間，學術自由曾經一度被嚴重地箝制；自從1989年民主開放之後，學術活動才又顯得生氣蓬勃，如今它依然代表捷克學術研究的重鎮，繼續和世界上的各大學術研究機構密切地交流往來！

■歐洲最美麗橋樑——卡爾大橋

　　卡爾邀聘出身於德意志建築家族的名師——彼得・帕列駉（*Petr Parléř*，約*1300~1399*）前來主持橫跨伏拉塔瓦河大橋的新建工程。由於原本連結小城區和舊城區的橋樑在1342年遭到洪水沖毀，必須儘早完成一座堅固又耐用的大橋讓伏拉塔瓦河兩岸的市區連成一體。新橋的奠基工程特別選在1357年7月9日早晨5點31分這個時刻，因為這個時刻剛好構成了一個系列的數理級數1-3-5-7-9-7-5-3-1；而且當天又正是太陽、土星和水星這三個星體在獅子座連成一線的時機，當時的人們堅信此時破土奠基的工程不但安全可靠而且還可以傳之久遠。近年來專家學者對於卡爾大橋的結構與材質也做了研究分析，證明當年建橋時所使用的混凝土中確實摻有生蛋、牛奶和葡萄酒的成份；此外還有一則建橋時的工程趣聞——為了因應興建大橋所需要的建材，卡爾國王下令各鄉鎮都必須提供生蛋支援建橋的工程物料，然而距離布拉格西北方大約25公里的韋爾瓦利

（*Velvary*）鎮居民對於這一道政令卻有所誤解，求好心切的他們為了避免蛋在運送過程中破損，於是把所有的蛋通通予以煮熟之後才運往布拉格，結果也使得韋爾瓦利這個地名變成了捷克人數百年來所消遣的對象！

自從十五世紀初完工以來，這座大橋歷經多次的洪水和戰亂，僅有一次受到洪水侵襲而坍塌了兩座橋拱的記錄。剛開始這座橋只是被稱為「石橋」（*Kamenný most*）或「布拉格橋」（*Pražský most*），一直到1870年之後才改稱為「**卡爾大橋**」（*Karlův most*）。它也和布拉格市民的歷史息息相關，見證了捷克歷史的悲歡離合。例如來往其上的貨物必須繳交通行稅，以補貼橋樑的維修費用，更有趣的是當時如果新娘子要騎馬通過橋上竟然也必須被課稅，在今日兩性平等的社會觀念中這項規定實在是令人無法想像的。在十六世紀，不誠實的商人如果罪行被舉發屬實，就會被判處關在吊籃內，然後在舊城橋塔附近將罪犯下降浸到伏拉塔瓦河冰冷的河水中當作懲戒。當時的死刑也會在這座橋上執行，犯人先在舊城橋塔附近的十字架下做最後的懺悔，隨即被押往橋的另一端行刑處決。另外還有一齣令人感傷的悲劇發生在三十年宗教戰爭爆發之後的1620年，天主教的聯軍在布拉格西郊的白山（*Bilá Hora*）擊潰了波

◀ 位於舊城區裡的布拉格天文鐘。

▲ 卡爾大橋和遠方的城堡區所共同構成的美麗畫面，一直是捷克的象徵之一。

▲ 卡爾四世主持1357年7月9日早晨5點31分卡爾大橋的奠基典禮。

希米亞方面的新教部隊，哈布斯堡狂熱的天主教支持者斐迪南二世下令將27名波希米亞支持新教的領袖在布拉格舊城廣場上殘酷地處決，行刑之後又把他們的首級懸掛在卡爾大橋的舊城橋塔上長達十年之久，想藉此殺一儆百來鎮壓波希米亞的新教徒勢力。

卡爾大橋早已經成為布拉格的地標與捷克的首要映象表徵，更博得「歐洲最美麗橋樑」的美譽！是全世界的訪客來到布拉格必遊的景點，除了因為它那關鍵性的地理位置之外，還有橋面兩側合計30尊精美的聖徒雕像所構成的一條長達516公尺、寬10公尺的巴洛克藝術大道。橋上最著名的一座雕像首推布拉格代理主教聖楊·聶波慕斯基（*Sv. Jan Nepomucký*，約*1345~1393*）的紀念像，他因為堅守原則，不願意向瓦茨拉夫四世國王透露王后告解的內容，因此被盛怒的國王下令從卡爾大橋上丟入伏拉塔瓦河中而殉道。聖楊·聶波慕斯基後來被安葬在聖維特大教堂內，他的棺槨十分地富麗堂皇，然而他在卡爾大橋上雕像的基座卻是吸引最多觀光客的景點，據說只要用手撫按著這座雕像基座上的銅板浮雕，許願就可以美夢成真！因此觀光客們不管是否了解這一則故事，人人有樣學樣地撫按這兩片銅雕，硬是在灰暗的銅板上摩擦出一處巴掌大閃閃發光的區域！

雖然卡爾大橋格局宏偉，然而來自各地的遊客如同潮水般地從橋的東西兩端湧入，隨時把橋面擠得水洩不通，正如同捷克名作家伊凡·克里瑪（*Ivan Klíma*，*1931~*）所說的，卡爾大橋所溝通的並不只是地理上的小城區和舊城區，還有日耳曼與斯拉夫兩個民族之間心靈上的互相探索，它更是捷克民族歷史的縮影寫照！

■■■布拉格新城區與「饑餓之牆」

卡爾國王時期布拉格的人口已經達到了四萬人，成為阿爾

1. 夜間的卡爾大橋舊城橋塔，別有一番風情。
2. 如果不想被遊客妨礙到畫面，就得一大早前往卡爾大橋取景。
3. 卡爾大橋上的聖楊·聶波慕斯基的紀念像，基座上的銅版浮雕，被觀光客們摩擦得閃閃發光！

卑斯山以北面積第三大、人口第四多的城市（僅次於巴黎、根特、布魯日）；為了解決人口與都市的成長問題，卡爾要求名建築師彼得・帕列馹在舊城的城牆外規劃出比舊城大三倍的區域，也就是所謂的「新城區」。

　　居民可以申請住在新城區，但是必須參與被分配到的建築工程任務，施工期間還可以享受稅賦的減免，不過一定要在18個月內完工。新城區除了解決居住的問題外，還包括重要的公共建設例如瓦茨拉夫廣場（「馬市廣場」）、卡爾廣場（*Karlovo náměstí*，「牛市廣場」）以及「草市廣場」（*Senovážné náměstí*）。布拉格新城區的街道寬度介於18到27公尺之間，兼顧了實用以及恢宏的格局遠見，整個新城區的計劃也成為中世紀歐洲最大的城市規劃專案。

　　另外卡爾還推動了一項「以工代賑」的國防計劃，他在小城區的邊緣興建城牆來增強布拉格的防衛能力，這項工程並未耗損國庫，因為他召募較為窮困的人們提供勞務，而他們能夠得到的報酬就只是食物，所以這些城牆也就被稱之為「饑餓之牆」，至今我們還是可以清楚地在布拉格的小城區看到這些城牆遺跡！

■守護聖徒遺物──卡爾斯坦茵堡

　　卡爾國王於1348年6月10日要求名建築師馬堤鄂所建造的**卡爾斯坦茵堡**（*Karlštejn*）座落在布拉格西南方大約20公里處，建設這一座城堡並不是當作軍事用途，而是卡爾用來存放聖物和捷克珍寶等冠冕的地方。因為當時人們認為聖徒的遺物也是上帝的莫大恩賜，必須好好地加以守護保存，這些聖物包括了據說是耶穌被釘上十字架前所使用過的湯匙碎片、施洗者聖約翰的一顆牙齒等等。主塔樓內的聖十字禮拜堂內有36幅御用繪畫大師提歐多利克

（*Mistr Theodorik*）所繪製的聖徒肖像木板畫，堪稱是波希米
亞哥德式繪畫作品的經典之作，絕對值得前往現場欣賞！

　　卡爾四世在1378年因為中風而去世，他遺留給捷克子孫許
多有形與無形的文化資產，至今仍然獲得捷克人的景仰與尊
崇，因此被尊奉為捷克的「國家之父」！

■神奇的溫泉療法——拜訪卡洛維瓦利溫泉鎮

　　捷克最著名的渡假療養溫泉區—— 卡洛維瓦利溫泉鎮
（*Karlovy Vary*），據說是因為卡爾四世在附近打獵追逐一頭
公鹿時無意間發現此地所湧出的溫泉具有醫療功效，卡洛維瓦
利於是在1370年以卡爾四世之名而建城。

▲ 座落於蓊鬱林木和溪流山
　谷之間的卡爾斯坦茵堡，
　中世紀的建築風格如童話
　般地令人嚮往（捷克觀光
　局提供）。

　　此地雖然早在十四世紀就已經建城，但是觀光業卻一直到
哈布斯堡家族統治期間才正式興盛起來，一舉躍昇為歐洲最有
名的渡假勝地。鎮上到處充滿了競賽、表演和各種時尚的娛
樂，吸引各階層的人們來此渡假或藉著溫泉來調養身心！顯赫

王公如俄國彼得大帝者，哲學家萊布尼茲、馬克思、文學家歌德和席勒，音樂家巴赫、德弗乍克等人都曾經出現在這座美麗的小鎮上。

　　捷克在1990年邁向民主化之後積極地振興觀光業，現在的卡洛維瓦利又再度重領風騷，躍居捷克渡假療養溫泉區之首。鎮上最著名也最普遍的溫泉療法是「散步飲泉法」，來到此地的訪客們可以手持陶瓷飲泉杯，一邊散步一邊飲用各種不同溫度和礦物質比例的溫泉水，若是覺得光喝溫泉水太單調，還可以搭配品嚐當地著名的薄脆餅。此地目前已經開發了15口自然湧出泉水，各自有不同的療效，涵蓋了新陳代謝失調、腸胃消化系統和肝功能等症候。至於時間充裕的訪客一定更不可錯失在此地浸泡溫泉的享受！

　　卡洛維瓦利除了溫泉觀光業之外，在每年的七月還有一場電影盛會，是歐洲僅次於威尼斯具有第二悠久歷史的影展。

🚂 卡洛維瓦利溫泉鎮

　　要前往卡洛維瓦利，可以從布拉格巴士站或者直接從中央火車站搭火車前往，抵達目的地之後往南方走約800公尺即可進入溫泉區。

▲ 捷克最為著名的渡假療養溫泉區——卡洛維瓦利溫泉鎮。

▲ 溫泉專家指出，飲用卡洛維瓦利溫泉鎮泉溫較低的溫泉水有助消化與通便；溫度較高者有助於降低胃酸以及促進膽汁分泌。

1. 卡洛維瓦利溫泉鎮（捷克觀光局提供）。
2. 卡洛維瓦利溫泉鎮的姊妹市。
3. 飲用溫泉水還可以搭配品嚐當地著名的薄脆餅。
4. 近作來卡洛維瓦利溫泉鎮湧進大量俄國遊客。
5. 卡洛維瓦利溫泉鎮上哥德曾經下榻過的民宿。

6. 在卡洛維瓦利溫泉鎮享用一份捷克家居餐。
7. 來此地的訪客可持陶瓷杯飲用溫泉水。
8. 鎮上到處可以買到造型獨特的溫泉瓷杯，為了健康的理由，當地人會熱心地勸阻遊客使用金屬或塑膠容器裝溫泉水飲用。

波希米亞的宗教改革家——楊·胡斯

Chapter

5

1415年7月6日，被架上火刑台的胡斯，口中唱
著聖歌直到被濃煙嗆住為止，一代宗教改革家
就這樣殉教犧牲了！

提到西洋的宗教改革運動，大家可能會馬上聯想到德國的馬丁路
德，但是在此之前一定要先為大家介紹另一位深深影響路德的前輩，
才能對歐洲宗教改革運動具有初步的完整概念，這位宗教改革者就是
捷克的楊·胡斯。

波希米亞王國從十世紀初便開始獨立發展，當1212年的《西西里
金璽詔書》頒佈之後，它在組成神聖羅馬帝國的眾多行政單位當中，
一舉躍居首要的地位；後來更由於來自日耳曼地區的神職人員與工、
商業人口大量移入，使得波希米亞的繁榮程度足以媲
美當時全歐洲最繁榮的義大利、法蘭德斯等地。不
過，日耳曼移民和捷克的貴族與大地主們聯合壟斷了
政治、經濟與高階神職的種種特權，卻也引起了捷克
人民對這些「外來人」的反感，因此種下了「胡斯戰
爭」的遠因。

▲康斯坦茨宗教大會判處胡斯為異
　端，並且處以極刑。

◀波希米亞的宗教改革家——楊·
　胡斯。

◀離布拉格舊城廣場不遠的伯利恆
　教堂，包括蘇菲王后在內的許多
　宮廷顯貴都曾來此聽胡斯講道。

▆▆▆被逐出教會的胡斯

　　胡斯出生於胡斯磊茨村（*Husinec*），他在1390年以一名窮學生的身份來到布拉格，先在教堂裏任職謀生；1396年取得人文學碩士的學位，開始在布拉格大學裏授課；1401年升任為布拉格大學神學部主任，同年也被授予神職，最後更成為校長。1402年胡斯開始在離布拉格舊城廣場不遠的伯利恆教堂（*Betlémská Kaple*）牧會，包括了蘇菲（*Žofie*）王后在內的許多宮廷顯貴也都來此聽他講道；胡斯雖然位高權重，卻始終過著簡樸嚴肅的生活。

　　因為先前一批從英國返回波希米亞的留學生們帶回了任教於牛津大學宗教改革者威克利夫的學說，胡斯也受到影響而頗為認同威克利夫主張回歸聖經、嚴格的道德、拒斥赦罪券、抗議國家的財富轉移給羅馬教皇、要求國家停止再做教廷附庸的種種主張。

▲ 布拉格舊城廣場的楊‧胡斯像。

　　當時也剛好是教會的「大分裂」時期（*1378~1417*），先後被選出的兩個教皇，分別是位於羅馬的葛利果十二世以及

▼齊格門皇帝。

位於法國亞威農的約翰二十三世，雙方一直在相互較勁。1411年，約翰二十三世為了籌募出兵攻打那不勒斯王國的軍費，就宣佈了一項新的赦罪券捐獻法。胡斯和他的支持者們公開反對教廷以販售赦罪券來斂財，抗議教會竟然籌募軍費來使基督徒相互殺戮，胡斯甚至忿而指稱教皇是一位「反基督者」，教皇在盛怒之下發出公告將胡斯逐出教會。後來在波希米亞國王瓦茨拉夫四世的勸說之下，胡斯才離開布拉格到鄉下避居兩年；在這一段期間，他寫下了重要著作《論教會》一書。

胡斯的宗教改革主張

胡斯反對繁文褥節的宗教儀式與告戒以及幻想式的崇拜，他駁斥羅馬教皇是上帝在人世間唯一代表的說法，認定教會的首腦是基督而不是教皇，只有在《聖經》的律令範圍之內，才有必要遵守教皇的指令；此外，《聖經》也是基督徒的唯一導引，所有的信徒都可以藉由它直接和上帝溝通。他還極力倡導回歸安貧樸實的教義，並且以捷克母語講學傳道，因此種種主張都獲得許多捷克中下階層民眾的積極認同。

1410年繼承了神聖羅馬帝國帝位、1419年又當上波希米亞國王的齊格門皇帝，深怕胡斯這股宗教改革的勢力會危及到自己和教廷的既得權勢，因此答應保障胡斯的人身安全，強力勸說胡斯前往德國西南部的康斯坦茨，希望能夠在第十六次的宗教會議上修彌雙方的緊張關係。

胡斯不顧友人們的反對，於1414年10月動身前往。起初他還受到禮遇，但是宗教大會藉故控訴胡斯為異端而將他監禁下獄。胡斯在環境惡劣的獄中被折磨得不成人形，他的朋友耶羅寧從布拉格趕到，並且向齊格門皇帝陳情訴願，宗教大會才同意讓胡斯出獄返回布拉格。但是在返鄉的路途中，胡斯開始宣傳宗教大會對他的虐待，馬上又被拘捕下獄，而且拘禁了七個月之久。

宗教大會審問胡斯對於威克利夫主張的看法，並且要求他撤回自己所著《論教會》當中的論述，胡斯則勇敢地答覆道：「我認同威克利夫的部份主張，而且我願意收回《聖經》中能夠駁斥我的任何意見。」友人們都力勸胡斯順服宗教大會的裁決，可是胡斯的信念十分地堅定，他寧願犧牲自己的性命也不願意屈服在權威之下，宗教大會於是判處威克利夫和胡斯皆為異端，必須處以殛刑。

■ 為了真理而殉教

1415年7月6日，胡斯在康斯坦茨被架上了火刑台，行刑時他還唱著聖歌一直到被煙火嗆住為止，波希米亞的宗教改革家終於殉教了！宗教大會竟然還下令將他的骨灰撒進湖中流進萊茵河，讓胡斯不得安葬故鄉。胡斯殉教的消息激起波希米亞民眾的悲憤之情，再加上長期對外來既得權益階級的不滿，因而爆發了所謂的「胡斯戰爭」（*1419~1436*年）。

「胡斯戰爭」延宕了十七年，波希米亞在獨眼老戰士楊·吉胥卡（*Jan Žižka*，約*1360~1424*）的領導下，憑藉著無比勇氣和卓越戰術，以寡敵眾多次重創神聖羅馬帝國軍隊。雖然後來胡斯黨人因為意見不一而被分化，以致在1434年的內戰時落敗，但由胡斯所揭櫫回歸安貧生活的主張與抗暴的精神，卻因此而更加長駐於捷克人的心靈深處。而羅馬教廷也在1999年正式對此舉公開道歉，總算還給胡斯一份遲來的平反清譽。

■ 在布拉格追尋胡斯的足跡

1915年，捷克人民為了紀念胡斯殉教五百週年，特別在布拉格的舊城廣場上豎立了一座由拉迪斯拉夫·夏隆所設計的胡斯紀念銅像。胡斯的雕

像高瘦而安詳地挺立在廣大的橢圓形基座上，一端有幾位代表胡斯派的戰士，另一端則以母與子象徵捷克民族的未來希望。這裏早已經成為布拉格市區內的重要景點之一，不僅遊人如織，振興了當地的觀光業；更重要的是，讓世人得以緬懷胡斯為了維護真理而犧牲生命的崇高情操。

胡斯當年佈道的伯利恆教堂因為陸續受到宗教與政治等外力因素的影響，建築物的絕大部分在1786年時已經毀損，目前的伯利恆教堂是在1950~52年間依照1391年落成時的外觀在原址之上予以重建的，不過遊客入內參觀時仍然能夠在牆面上清楚地看到一小部份的原跡。

■ 《斯拉夫史詩》裡的胡斯

慕夏的《斯拉夫史詩》也有一幅作品描繪1412年胡斯在伯利恆教堂佈道的場景──胡斯站在講道台上左手撫住胸前慨切地向會眾們佈道，會眾當中除了蘇菲王后和貴族們之外，還有許多中下階層的普羅大眾；慕夏還在畫作的左方巧妙地安排了老戰士楊‧吉胥卡，他正側身低頭專心地聆聽胡斯的教誨。

談到這裏，有些人可能會感覺到困惑，因為在2011年之前您或許也曾經去過布拉格的慕夏美術館，可是怎麼對這些巨幅名畫卻一點印象都沒有呢？因為慕夏這二十幅《斯拉夫史詩》巨作並沒有放在布拉格，而是存放於摩拉維亞地區一個離奧地利邊界不遠的摩拉夫斯基‧庫倫洛夫鎮上的古堡裏。

1. 筆者為團員講解《斯拉夫史詩》。

2. 摩拉夫斯基・庫倫洛夫鎮，捷克語意為「摩拉維亞的河灣之地」。

3. 《斯拉夫史詩》當中，有一幅描繪1412年胡斯在伯利恆教堂裏佈道的場景。

4. 史上第一組參訪慕夏二十幅《斯拉夫史詩》的台灣旅遊團。

5. 《斯拉夫史詩》每一幅都高達兩層樓高，詳細描繪述說捷克以及斯拉夫民族的重要歷史大事。

6. 慕夏的媳婦潔若汀女士在2009年的時候邀請筆者造訪其宅。

7. 慕夏的媳婦潔若汀女士逐一地為筆者解說慕夏的種種事物典故。

8. 慕夏家族自宅一隅。

雖然《斯拉夫史詩》完工於1928年並在布拉格展出時大受好評，但是在納粹佔領期間，慕夏的作品因為宣揚捷克民族主義的理由而被查禁，為了避免被銷毀的惡運，《斯拉夫史詩》就被藏匿了起來。終戰之後，捷克在1948年轉變為共產國家，成為蘇聯的附庸，慕夏的作品又被史達林主義者批評為「代表資本主義的墮落腐化」而被充公或者毀損，一直到史達林死後，這二十幅巨作才於1954年獲准在摩拉夫斯基・庫倫洛夫這個偏遠的寧靜小鎮重新展出。

五十多年來摩拉夫斯基・庫倫諾夫的鎮民們不離不棄地守護著慕夏這二十幅《斯拉夫史詩》，直到1990年捷克恢復成民主國家之前，很少有外國人造訪此地，筆者曾於2007年首度帶團參訪這一座慕夏美術館，這也是當地第一次有台灣旅行團的造訪。近年來布拉格市政府因為體會到慕夏畫作所帶來的驚人觀光收益，在2010年希望將這二十幅《斯拉夫史詩》永久移到布拉格展出，此舉立即引起了小鎮周遭民眾與布拉格市政府雙方的激辯與對簿公堂。後來竟然判決這二十幅《斯拉夫史詩》歸布拉格市政府所有，使得摩拉夫斯基・庫倫諾夫小鎮原有的旅館和餐廳都因此而紛紛歇業，這也嚴重衝擊了摩拉維亞南部的觀光產業。令人質疑與不平的是，布拉格觀光資源已經如此的充沛，實在不缺這二十幅《斯拉夫史詩》，但它們卻是摩拉維亞南部觀光產業重要的一環！這樣的判決，實在是令人扼腕！

慕夏的媳婦潔若汀女士（*Mrs. Geraldine Mucha，1917~2012*）邀請筆者到自宅喝下午茶時說到，慕夏晚年曾經表示願意將作品捐贈給布拉格，不過，先決條件是布拉格市必須有一棟專門的慕夏美術館得以收藏他的所有作品，可惜的是，一直到現在還沒有任何單位能夠達成他的遺願，我們衷心地期盼事情能早日有圓滿的結局，讓世人都能夠欣賞到慕夏這二十巨幅的《斯拉夫史詩》瑰寶！

老當益壯的獨眼戰士──楊．吉胥卡

Chapter **6**

群情激憤的民眾破門而入，把七位議員從窗口
丟出去，這就是歷史上著名的「第一次布拉格
擲窗事件」。

波希米亞的宗教改革者胡斯贊成所有的基督徒都可以領受聖餐中
的餅和酒，遭到教廷方面的堅決反對，教廷反對的理由是「信徒在領
受聖餐的過程當中若是一不小心翻倒聖杯濺出了酒，那將會使得基督
的寶血遍流滿地」，但是胡斯的主張卻獲得了包括王后在內許多波希
米亞人民的支持。

1415年7月6日，胡斯殉教的消息傳回國內，大約五百位波希米亞
和摩拉維亞的貴族們聯署了一份文件，向康斯坦茨的宗教議會提出
強烈的抗議，他們一致推崇胡斯的正直與善良，認為
宗教議會的所作所為已經嚴重地污辱了捷克人民，他
們從此將只聽從合於《聖經》教誨的命令。為了捍衛
純正的信仰，他們不惜奮戰到最後一兵一卒，除此之
外，胡斯派擁護者們還將「聖杯」當作他們之間的共
同號幟。

▲ 胡斯黨在南波希米亞地區，建立
　 起易守難攻的塔波城。

◀「聖杯」是胡斯派擁護者們的共
　 同號幟。

◀ 吉胥卡廣場旁的市政廳，有一座
　 展現中歐民眾的日常生活和戰爭
　 型態的胡斯戰爭紀念館。

🚌 塔波城

從布拉格搭乘火車或
巴士，可以直接抵達塔波
城；出了車站大約走1公
里，即是吉胥卡廣場。

▲ 胡斯黨人多次運用「車隊
堡壘」戰術，成功阻擋了
敵軍重騎兵的衝撞砍殺；
躲在篷車陣內的胡斯黨人
則是使用十字弓、小型火
炮甚至農具來反擊外敵，
獲得勝利，讓重騎兵的傳
統戰法走入歷史。

▋胡斯戰爭爆發

　　1416年2月，胡斯黨人開始驅逐日耳曼籍的神職人員，掌
控布拉格教會。同年5月份，胡斯的朋友耶羅寧也步上他的後
塵，一樣在康斯坦茨慘遭宗教議會處以火刑。於是，波希米亞
的宗教抗爭運動在攙入了民族意識的影響下，情勢緊張已經接
近爆發的狀態。

　　波希米亞國王瓦茨拉夫四世原本還算是認同胡斯的主張，
他可能也希望藉由胡斯的抗爭來制衡教廷的權勢；但是當教廷
和波希米亞的對立逐漸激化，他在擔心王權不保的考量下，轉
而開始壓制胡斯黨，將抗議的胡斯派平民予以逮捕監禁。

　　1419年7月30日，一群胡斯黨人在教士楊·澤立夫斯基
（*Jan Želivský*）的率領之下，示威遊行到布拉格新城區的市政
廳，要求釋放遭到拘禁的同胞們，議員卻命令衛兵向群眾丟擲
石塊攻擊，群情激憤的民眾在楊·吉胥卡的領導之下，破門衝
入市政廳內，把七位議員從窗口丟出去，這就是史上著名的
「第一次布拉格擲窗事件」。這一場暴動直接引發了延宕十餘
年的「胡斯戰爭」，嗜酒的瓦茨拉夫四世國王則在8月16日因
為過於憂憤，心臟病發作而死亡。

▼獨眼戰士——楊・吉胥卡的雕像，威風凜凜地站在塔波城內廣場上。

■用「車隊堡壘」扭轉劣勢

新任的教皇馬丁五世在1420年3月17日決定以武力鎮壓波希米亞的暴動，他號召一支十字軍，誓言要徹底掃平波希米亞的胡斯黨；包括齊格門皇帝在內的多國聯軍開始動員而且兵臨布拉格城下，鑑於布拉格城因為動亂而殘破不堪，高齡60多歲的楊・吉胥卡率領胡斯黨轉往皮耳森，3月25日他們在蘇多梅志（Sudoměř）戰役中運用了所謂的「車隊堡壘」（Wagenburg）戰術，讓帝國重騎兵無法再依循傳統戰法衝撞砍殺躲在篷車陣內的人員；另一方面胡斯黨人也同時使用十字弓、小型火砲甚至農具來反擊，結果胡斯黨僅僅以四百人就成功地擊退兩千多名的帝國重騎兵，贏得了第一場大勝利。隨後胡斯黨轉移到南波希米亞地區，楊・吉胥卡選中一處三面環水的高地，並引用《聖經》裏的山名，建立起易守難攻的塔波城（Tábor），塔波城因此成為胡斯黨的大本營。

■一個胡斯，各自表述

情勢發展至此，胡斯黨大致形成了兩派：一派是以塔波城為根據地的激進派，又稱「塔波派」，主要由農民、城市裏的手工業者和貧民們所組成，主張廢除封建階級制度、將貴族和教會的龐大產業予以均分，建立人人自由平等的社會；並且簡化繁複的宗教儀式，只保留嬰兒的洗禮與聖餐；反對崇拜聖徒以及聖徒的遺物；提倡回歸簡樸的生活。

另一派則是以布拉格為中心的溫和派，又稱為「餅酒同領派」或「聖杯派」。餅酒同領派主要是以中、小貴族和城市裏較為富裕的市民為組成份子，因為他們堅持所有的信徒在聖餐禮中都能和神職人員一樣，不但可以領受餅，也可以使用聖杯領酒，所以才有此稱謂。他們還以捷克母語來作禮

1. 當年戰況慘烈的維特科夫山丘頂上有一座9公尺高的楊‧吉胥卡騎馬英姿像。

2. 在布拉格東方40公里處的利帕尼，是塔波派元氣大傷之處。

3. 胡斯戰爭紀念館內陳列著1420年7月發表的《布拉格四條款》。

4. 慕夏的《維特科夫戰役之後》，帶著淒清哀傷的悲涼之感。

拜，主張建立捷克自己的教會，不再處處受制於使用拉丁語的教廷。

此外，胡斯黨人更在1420年7月發表《布拉格四條款》，以表達爭取合理權利的決心，內容大致可以歸納如下：

1. 可以自由地宣傳福音。
2. 聖餐禮中的餅和酒，一般信徒和神職人員都可以領受。
3. 神職人員應該回歸到如同使徒一般的清貧生活。
4. 神職人員如果有不道德行為，就應該接受懲處。

不過，齊格門皇帝悍然地拒絕接受《布拉格四條款》，並且再度壓制胡斯黨人，布拉格市民於是向塔波城的胡斯黨求援。7月14日，馳援的胡斯黨在布拉格城東的維特科夫山丘上受到帝國軍隊的圍攻，戰況一度告急；後來憑著楊‧吉胥卡的英勇抗敵激發了高昂士氣，配合布拉格市民的東西夾擊，讓他們又贏得一場難以置信的勝利。

慕夏的《斯拉夫史詩》，也有一幅描繪這場戰役的作品，名為《維特科夫戰役之後》。個性反戰的慕夏很少歌頌戰爭的過程，他畫出戰爭結束之後，一群神職人員圍趴在地，帶領

胡斯黨人祈禱，感謝上帝。畫面以晦暗的色彩表現戰後的悲涼情景，而讓唯一的陽光從烏雲當中露出斜照在楊·吉胥卡和戰利品上面，突顯出胡斯黨人剛剛所歷經的一番苦戰。但是畫面左方最明顯處則呆坐著一位在戰事中喪子的婦人，觀賞畫作者剛好會和她那雙忿怒卻又無奈的眼神交接，這也是反戰的慕夏另一種巧思吧！

此外，捷克政府也於1931年委任雕塑家波胡米·卡夫卡（*Bohumil Kafka*）在當年戰況慘烈的山丘頂上建造了一座9公尺高的楊·吉胥卡騎馬英姿像，讓後代子孫得以勉懷這位老戰士保家衛國的精神與英勇事蹟。

1422年1月6日，在位於銀礦重鎮庫特納霍拉和科林之間的聶波威氏（*Nebovidy*）村，楊·吉胥卡又率領胡斯黨人痛殲帝國方面的一萬兩千大軍，齊格門皇帝倉皇落敗僅以身免。後來楊·吉胥卡染上重病，卻仍然奮勇地指揮子弟兵們繼續作戰，一直到1424年10月11日才病逝於摩拉維亞的普利比斯拉夫（*Přibyslav*）。他臨終時還囑咐要捐出他的皮做成一具戰鼓，繼續伴隨著捷克的子弟們抵禦外侮。

胡斯黨的兩大派聯合作戰，前前後後總共五次重創神聖羅馬帝國的軍隊，但烽火所及之地卻也盡成焦土。在經濟與政治上較佔優勢的餅酒同領派雖然也是參戰的一方，卻在沒收了部份教會的財產與掌控某些城市的政權之後，就認為目的已經達成而開始和教廷談判妥協，最後甚至和教廷與帝國軍隊聯合起來一起攻擊塔波派。1434年5月30日，雙方在布拉格東方約40公里處的利帕尼（*Lipany*）進行決戰，塔波派誤判軍情，以為對方開始撤兵，他們為了追擊

敵軍而被誘出「車隊堡壘」，隨後卻慘遭餅酒同領派和帝國軍埋伏的重騎兵所重創而戰敗，胡斯黨因此而元氣大傷。

1436年7月5日，胡斯黨和教廷、齊格門皇帝在伊赫拉瓦簽訂停戰和約，教廷准許一般信徒可以領受聖杯，被沒收的教產不必再歸還教廷；胡斯黨則正式承認齊格門皇帝為波希米亞國王，波希米亞教會名義上仍然隸屬於羅馬教廷。

■紀念胡斯

史梅塔納除了在《我的祖國》的第五段以《塔波城》為標題，同時也將胡斯黨人當時的軍歌《上帝的戰士們》（*Ktož jsú Boží bojovníci*）援用到歌劇《李布謝》的壯麗結尾和《塔波城》、《勃拉尼克山》這兩個樂章的主題當中；對此，史梅塔納解釋道：「第五樂章《塔波城》意旨在表現出胡斯黨人奮戰不懈的精神，也因此整個樂章是以一首莊嚴的合唱為基調來加以發展的。」

在今日塔波城內的吉胥卡廣場上，我們可以看見獨眼老戰士楊·吉胥卡的雕像，他全副武裝手持戰鎚，目光炯然地凝視著遠方，似乎仍然在指揮鼓舞著捷克子弟兵們保家衛國。廣場旁的市政廳包含了一座胡斯戰爭紀念館，這裏有系統地收藏了胡斯戰爭期間的各種武器和文物，包含楊·吉胥卡最常使用的兵器戰鎚。訪客們也可以藉由館內製作精細的模型，了解十五世紀時中歐民眾的日常生活狀況與當時的戰爭形態。更值得一提的是，在這棟建築物的底下挖掘了長達650公尺有如迷宮一般的地道，它的主要功能在於存放食物和啤酒，而並非一般人會立刻聯想到的軍事用途。塔波城裏的胡斯戰爭紀念館，雖然遊客不多，卻依然昂然屹立著，向世人展現捷克人民無畏強權的傳統。造訪這種鄉間的歷史小城，往往也可以欣賞到許多美麗的建築物，讓您的深度文化之旅增添許多美好回憶！

1	2	
	3	6
	4	5

1. 領導捷克人反抗帝國和教廷聯軍的獨眼老戰士楊·吉胥卡。
2. 廣場旁的市政廳裏包含了一座胡斯戰爭紀念館，這裏有系統地收藏了所有胡斯戰爭當中的各種文物和武器。
3. 胡斯戰爭紀念館的門票。
4. 楊·吉胥卡最常使用的兵器——戰鎚。
   塔波城的水溝蓋上鑄印了城徽，隨時向路人訴說著光輝的歷史。
6. 塔波城內還有許多造型美麗的建築物。

HUSITSKÉ MUZEUM TÁBOR

HUSITÉ

✳ 013586

Uschovejte pro případnou kontrolu!
Bez útržku neplatná.

60 Kč

HIERONYM PRAGENSIS.
Theol.

JERONÝM PRAŽSKÝ
1466 + KONSTANZ + 1996

✳ 013586

KONTROLNÍ
ÚTRŽEK

歐洲的導師柯門斯基與合一弟兄會

數百年來，他們始終過著簡樸清貧的生活，彼
此勸勉相愛，傳播上帝的福音。

正當胡斯戰爭如同暴風雨一般席捲中歐地區的時候，波希米亞卻
出現了一位略帶幾分傳奇色彩的農民哲學家彼得・黑爾契斯基（*Petr
Chelčický*，約1390~1460）。

彼得・黑爾契斯基曾經受到胡斯學說的影響，他用生動的捷克母
語寫下一系列宗教論文，還提倡綏靖式的無政府主義；在《信仰之
網》這部著作中批評教皇和神聖羅馬帝國皇帝是扯毀信仰之網的兩條
大鯨魚，主張應該要完全奉行《新約聖經》，揚棄現世所有的習俗、
財富與權勢；他譴責戰爭的暴力，但是也反對以暴制暴，因此指責胡
斯黨塔波派，認為塔波派參與戰爭是受到魔鬼欺騙和
淫威的暴力展現。

■尊崇胡斯的彼得・黑爾契斯基

《斯拉夫史詩》中，一幅標題為《勿冤冤相報》

▲ 波希米亞的國會推舉波迭布拉德
的奕志為波希米亞國王。

◀ 波迭布拉德的奕志在捷克人心目
中的地位，僅次於卡爾四世。

◀ 布拉格小城區的柯門斯基紀念館
中，有大量圖書、文物，完整呈
現這位教育家的一生。

的畫作，就是以彼得‧黑爾契斯基為主角。畫面籠罩在一片愁雲慘霧的氣氛中，七零八落的屍骸和傷患就排在最前面，讓觀畫者馬上被戰禍的殘酷場景所震懾住；這裏是波希米亞南部佛德涅尼（Vodňany）地區一個剛遭到胡斯黨人攻掠過的小村莊，逃過一劫的村民們仍然驚魂未定地站在池塘邊，眺望著不遠處被戰火所摧毀的家園昇起了陣陣的濃煙。倖存者們有的撫屍痛哭、有的跪地為亡者祈禱，還有衣不蔽體者和親人擁抱痛哭。慕夏讓彼得‧黑爾契斯基站立在中間，安慰勸阻一位痛失親人的男子不要以暴制暴，因為冤冤相報何時了！慕夏運用密布的烏雲、傾斜的烽煙和掩面而泣的人們，成功地營造出悲戚的氣氛和聲響效果；而背對著畫面高舉左手誓言復仇的男子身旁則安排了手挾《聖經》、正低頭勸慰遺族的彼得‧黑爾契斯基，這一動一靜的強烈對比構成了畫面中的無比張力。

　　黑爾契斯基一生安貧樂道，過著十分簡樸的農耕生活。他的門徒分佈在東波希米亞和摩拉維亞地區，1457年他們在東波希米亞的昆瓦德（Kunvald）村自行組成了一個新的教派，稱為「合一弟兄會」（Jednota bratrská），也就是現今「摩拉維亞弟兄會」（Unitas Fratrum）的前身。他們彼此勸勉相愛，堅信人活在世上的目的是為了事奉與榮耀上帝，所以一直過著敬虔樸素的生活，並於1467年開始任命自己的神職人員，正式和羅馬教廷脫離關係。

■首位胡斯教派國王──波迭布拉德的奕志

　　齊格門皇帝雖然在1436年所簽訂的伊赫拉瓦停戰和約中，獲得胡斯黨的正式承認而成為波希米亞國王，但是波希米亞的局勢在他死後又再度陷入動蕩的局面。一位優秀的省

▲慕夏《斯拉夫史詩》中的《勿冤冤相報》，以彼得‧切爾契斯基安慰著一名在戰禍中失去親人的男子勿以暴制暴為主題。

▼ 1462年樞機主教Fantim de Vale前往布拉格，要求波迭布拉德的奕志放棄胡斯黨的主張並且掃除境內所有的胡斯派教會，但是遭到波希米亞王的堅拒。慕夏同樣以畫作呈現了這段歷史。

長——來自於波迭布拉德的奕志成為胡斯黨的領導人，他率領一支為數九千多人的部隊，從銀礦城庫特納霍拉順利地開進了布拉格。有鑑於他的行政專長以及軍事上的勝利，波希米亞的國會因此在1458年推舉波迭布拉德的奕志為波希米亞國王。

波迭布拉德的奕志為了穩定政局，一直試圖和教廷方面修補關係，只是，教皇庇護二世和他的繼任者卻都拒絕承認波希米亞在宗教自由上的合法性。庇護二世於1462年派遣樞機主教Fantim de Vale前往布拉格，要求波迭布拉德的奕志放棄胡斯黨主張並掃除境內所有胡斯派教會，但遭到波希米亞王的堅拒。

慕夏的《斯拉夫史詩》也針對這一樁事件發揮了他的藝術天份。在畫面的最明亮顯眼處樞機主教正在嚴厲地對波希米亞王轉達教皇的命令；然而波希米亞王波迭布拉德的奕志卻也雙手叉腰、抬高下巴，以睥睨的眼神堅定地一一予以回絕。當他宣告不惜以生命來捍衛信仰與王冠的時候，也讓周遭的貴族們擔心得目瞪口呆。慕夏還在右側的陰暗處安排一位正視著觀眾的小男孩，他手中捧著一本已經合上了的書，暗示著雙方的談判破裂。

波迭布拉德的奕志曾在1464年發起「歐洲聯邦」構想，他期望透過這個組織解決國際間的紛爭與戰亂，但卻在教皇保羅二世宣判他是異端並號召各國入侵波希米亞的反制行動下失敗了。因為接連的外患入侵以及飽受水腫病之苦，波迭布拉德的奕志於1471年以51歲的英年去世，可是在捷克人的心目中，他卻是僅次於卡爾四世的好國王。

▼ 慕夏利用《斯拉夫史詩》的一幅畫作，描繪伊凡切茨在合一弟兄會翻譯《聖經》的偉大任務中扮演過的重要角色。

■合一弟兄會為捷克近代文學奠基

1517年之後因為馬丁路德在德意志地區的宗教改革運動風起雲湧，致使教皇聯合神聖羅馬帝國皇帝開始以武力鎮壓新教，合一弟兄會也因此遭受到迫害，而被驅趕流浪到波蘭Ostrorog一地；直到1555年《奧格斯堡宗教和約》簽訂之後，暫時停止了神聖羅馬帝國境內新、舊教派之間的戰爭，合一弟兄會才得以在1556年獲准返回故鄉重建教會。

合一弟兄會返鄉之後又再次興盛，信徒們遍及波希米亞、摩拉維亞和波蘭等地。就好像馬丁路德將《聖經》譯為德文版為現代德文立下標準一般，合一弟兄會在主教楊・布拉候斯拉夫（*Jan Blahoslav，1523~1571*）的帶領之下，也在1564年將新約《聖經》譯成了捷克文版，而且他的門徒們也承接了這項譯經的使命，終於在克拉立策（*Kralice*）完成了捷克文版《聖經》並且印刷出版，這項翻譯聖經的工程也為現代的捷克文學奠下了基礎。慕夏藉由《斯拉夫史詩》讓大家了解他的故鄉摩拉維亞南部的伊凡契策（*Ivančice*），曾經在合一弟兄會翻譯《聖經》的偉大任務中扮演過重要的角色；因為一直到1578年印刷作業移往克拉利策（*Kralice*）之前，捷克文版《聖經》都是在伊凡契策編印的。

畫面的右側訪客們圍繞著忙碌作業中的印刷廠，而左側的少年正在為一位老者朗讀《聖經》，有趣的是，慕夏可能以自己幼年的容貌來表現這位少年！畫中的時令是秋天的早晨，慕夏以畫面左方正在採收果實的人們比喻合一弟兄會譯經的豐碩成果，而左後方遠處一群受到驚嚇而竄飛直上天際的鳥，則暗示著四十年後爆發的三十年宗教戰爭，合一弟兄會又將面臨顛沛流離的命運。

1620年後，由於三十年宗教戰爭（*1618~1648*）的戰禍，合一兄弟會再度受到迫害而流離失散。

■ 合一弟兄會的流離失所與傳承

三十年宗教戰爭起因於神聖羅馬帝國境內的宗教糾紛所引發的內戰，不料歐洲各國在爭奪霸權和利益等因素的驅使之下紛紛參戰，因而演變成歐洲史上的一場慘烈大戰。

1526年，哈布斯堡家族的斐迪南一世大公（*Ferdinand I.，1503~1564*）因為姻親關係而得以繼承波希米亞的王位，從此也開啟了哈布斯堡家族對於波希米亞三百多年的統治。斐迪南一世在1555年將耶穌會教士引進布拉格，積極地在波希米亞擴展大主教的勢力，斐迪南一世的長孫魯道夫二世（*Rudolf II.，1552~1612*）繼位後將首都遷往布拉格，因為他的個性陰鬱而且政績平庸，使得極具野心的胞弟馬蒂亞斯（*Matthias，1557~1619*）動作頻頻。魯道夫二世為了防範馬蒂亞斯奪其權位，才在1609年簽署了「皇家憲章」，保證波希米亞境內的新教徒們享有宗教禮拜的自由，以爭取波希米亞和石雷茨科地區新教徒們對他的支持，但這個舉動卻也為三十年宗教戰爭埋下了遠因。後來魯道夫二世在長期擔憂被謀弒的陰鬱籠罩之下，於1611年心力交瘁地將所有的權勢都讓渡給馬蒂亞斯，而馬蒂亞斯也不顧布拉格方面的強烈抗議，逕行將首都遷回維也納。

1617年，神聖羅馬帝國皇帝馬蒂亞斯敦促波希米亞國會承認他的表弟——斯蒂利亞的斐迪南大公（*Ferdinand II.，1578~1637*）為波希米亞王。斐迪南大公是一位狂熱的天主教支持者，他下令禁止波希米亞新教徒的所有宗教活動，並且拆毀新教徒的教堂進行大規模強力鎮壓行動。波希米亞的新

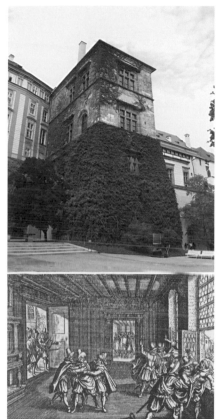

▲ 「第二次布拉格擲窗事件」的發生地。

▲ 1618年5月23日史上著名的「第二次布拉格擲窗事件」，直接引爆了三十年宗教戰爭。兩位帝國大臣和一位書記被從窗口擲出，因為當時正下方是穢物堆，所以這三人並沒有摔死。

教派們為了捍衛先前魯道夫二世皇帝所賦予他們信仰自由的權利，於1618年5月23日在圖恩伯爵（*Hrabě Jindřich Matyáš Thurn*，*1567~1640*）的率領之下衝進了布拉格城堡，將兩位帝國大臣Wilhelm Grav Slavata、Jaroslav Borzita Graf von Martinicz和一位書記Philip Fabricius一共三人從高樓的窗口擲出，這就是史上著名的「第二次布拉格擲窗事件」。這三個人因為摔落在穢物堆上僥倖沒死，於是逃往斐迪南大公處報告這一場暴動。圖恩伯爵另行組織了一個30人的執政團，堅拒馬蒂亞斯皇帝所提出的大赦與談判；盛怒的斐迪南大公無視於馬蒂亞斯皇帝的提案而逕行揮軍攻入波希米亞，揭開了這場戰爭悲劇的序幕。

1619年3月20日馬蒂亞斯皇帝去世，斐迪南大公成為波希米亞合法的國王以及神聖羅馬帝國皇帝的假定繼承人；不料波希米亞國會反制在先，於8月19日宣佈廢除斐迪南大公的王位，8月27日另行推舉巴拉丁那地區的選侯腓特烈五世（*Friedrich Falcký*，*1596~1632*）為波希米亞國王，並且宣佈波希米亞獨立。另一方面神聖羅馬帝國的選帝侯們也在8月28日正式推選斐迪南大公成為皇帝斐迪南二世。

天主教在提利（*Tilly*）伯爵的領軍下進逼布拉格，雙方於11月8日在布拉格西郊的白山發生大戰，戰事以新教徒的慘敗收尾，腓特烈五世和妻子最後流亡到荷蘭，因為他在波希米亞王位上只待過一個冬天，因而也被稱為「冬王」。從此之後，波希米亞喪失了民族的自決權與獨立性，一直到1918年第一次世界大戰結束之後，才得以脫離哈布斯堡王朝的宰制，建立「捷克斯洛伐克共和國」。在將近三百年的慘澹日子裏，捷克成了哈布斯堡王朝的附庸國，相對地也喪失了政治、宗教信仰以及語文上的種種自由與權利。

▲ 天主教在提利伯爵的領軍之下進逼布拉格，與新教的軍隊在布拉格西郊的白山發生大戰，戰事以新教徒的慘敗收尾。

▼腓特烈五世畫像。他和妻子在白山戰役失敗後流亡荷蘭，因為他在波希米亞王位上只待過一個冬天，因而也被稱為「冬王」。

白山戰役之後，斐迪南二世皇帝開始大舉迫害波希米亞的新教徒，合一弟兄會的教士和信徒們也無法倖免於難，他們若是不願意改宗信天主教就會被殺害或者是下獄、合一弟兄會的教堂及學校被迫關閉、捷克語版的《聖經》和教義問答則被焚毀，導致有三萬六千多家合一弟兄會的信徒們被迫遠離故鄉，逃往鄰近的國家如德國及波蘭等地。

■維繫合一弟兄會於不墜的柯門斯基

捷克歷史上最偉大的教育家——柯門斯基（*Jan Amos Komenský, 1592~1670*）也擁有「歐洲導師」的美譽，他出生在一個波希米亞弟兄會家庭，父親在摩拉維亞的尼布尼策經營麵粉生意，家境小康，但是父母親先後早逝使得他必須投靠伯母，並在史特拉雪尼策（*Strašnice*）一地接受基礎教育。

1608年，柯門斯基進入了合一弟兄會所興辦的普雷勞拉丁學校，接受中等教育。兩年之後，進入德國納紹（*Nassau*）的黑耳本（*Herborn*）大學就讀。在校期間，他決定將來要投入牧師的工作，同時因為受到名學者阿爾斯泰德（*Johann Heinrich Alsted，1588~1638*）的影響，也對教育的方法產生了濃厚的興趣；後來他又轉往海德堡大學繼續學業，但是僅僅一年隨即返鄉。

柯門斯基返鄉後，因為年紀過輕未能擔任牧師的工作，只好在母校任教。他對教育方法有著濃厚的興趣，所以就開始研究拉丁語教學法，而且親自編寫教材，試圖改良教學的方法，1616年便出版了第一本著作《拉丁語入門》。

1618年到1621年柯門斯基擔任福聶克（*Fulnek*）地區的牧師，並且和第一任妻子匈牙利籍的瑪格達拉娜（*Magdalaena Vizovská*）結婚。隨著斐迪南二世皇帝對新教徒們的侵逼，柯門斯基不得不帶著家眷開始逃難；他們來到摩拉維亞中部的普

▼為了躲避戰火，柯門斯基帶領著合一弟兄會的信徒們告別故土，逃往他鄉。

雷洛夫城堡（*Přerovský zámek*）中避難，可惜家眷們都在躲避戰禍的過程當中相繼染病而去世。1623年柯門斯基在此寫下了一部文學鉅著《世界迷宮與心靈樂園》（*Labyrint světa a ráj srdce*），他用一種寓言式的敘述方式顯現人類在俗世追尋不到平安，唯有內心接受基督，才能獲得真正的平安，這本書後來被公認是巴洛克文學的瑰寶之作，至今仍然被翻印與流傳，最新的兩次印刷分別是在2001年和2005年。

柯門斯基隨後帶領續弦的妻子和合一弟兄會的信徒避難到波蘭的列茲諾（*Leszno*），1636年擔任該地合一弟兄會學校的校長；在1641年被邀聘前往倫敦之前，他陸續發表了許多論著，最有名的例如教育史上的重要經典《語言學入門》（*Janua Linguarum Reserata*）以及《大教育學》（*Didactica magna*）等。1631年成書的《語言學入門》是一本劃時代的拉丁文教科書，幾乎被翻譯成歐洲所有不同的語文版本；至於教育學相關科系的必讀經典《大教育學》雖然成書於1632年，卻一直到1849年原稿被發現之後才得以廣泛地翻印成不同語文版本而流傳全球。

後來他又應友人的邀請前往英國講學，恰好當時英國在北美洲的新英格蘭殖民地的總督文斯洛普（*John Winthrop*）正在歐洲為哈佛大學尋找校長人選，柯門斯基雀屏中選的呼聲頗高，可是因為他接受瑞典的邀約在先，而且又遇上英國的政局不穩，所以只得和哈佛大學失之交臂而前往瑞典。

柯門斯基原本就計劃在英國推廣他的「汎智論」（*Pansophia*）計劃，待在瑞典期間他仍然念茲在茲。1648年，列茲諾的首席牧師出缺，於是柯門斯基只得返回接任；

1650年他又應匈牙利貴族拉克齊（*Sikmund Rákóczi*）王子之邀，前往川西凡尼亞（*Transylvania*）地區籌設新式的學校，直到1654年才決定返回列茲諾。

可惜好景不長，瑞典為了稱霸波羅的海而開始侵略波蘭，波蘭則以游擊戰反抗。1655年，波蘭攻擊在列茲諾的瑞典軍隊，柯門斯基慘遭池魚之殃，他的手稿和藏書全部在戰火中付之一炬，最後只得輾轉逃抵素以寬容聞名的阿姆斯特丹。其後他仍投注心力在教學法的研究與創新，1658年出版《世界圖繪》（*Orbis Pictus*）一書，被公認是目前最早有插圖的教科書，先後被譯成12種歐洲語文版，影響可謂深遠。

▲ 慕夏的《柯門斯基的最後一天》，繪出人們（包括他自己）對這位「歐洲導師」的景仰。

慕夏畫出《柯門斯基的最後一天》

1670年11月15日柯門斯基以78歲的高齡客死異域，無法返

位於布拉格小城區的華倫斯坦宮附近。可搭乘地鐵A線在Malostranská站下車，出站後沿著Valdštejnská街走，約300公尺即可抵達。

回他一生所摯愛的故鄉捷克。慕夏的《斯拉夫史詩》並不是以輝煌的場景來歌頌柯門斯基，反而是以《柯門斯基的最後一天》來表達對這位「歐洲導師」的無限景仰。柯門斯基身為合一弟兄會的最後一位總監，他的一生除了投注在教育改革事業之外，也時時刻刻奔波於歐洲列強之間，期望能夠結合新教國家的力量協助捷克祖國擺脫被宰制的悲慘命運，一直到生命的盡頭他都仍然不放棄任何努力。柯門斯基晚年喜歡在阿姆斯特丹附近Naarden的海邊散步，因為他覺得這種感覺似乎離故鄉比較近。慕夏以陰鬱的色調來表現《柯門斯基的最後一天》，臨終的柯門斯基在畫面的右側獨自坐在椅子上望著茫茫的海面，左側一群門徒們哀傷地跪地禱告，受風吹襲而低垂的草端讓觀賞者彷彿也能感受到現場的淒涼之景。畫面正中央放置著一盞似乎即將熄滅的油燈來比喻主角的即將告別人世，更象徵著柯門斯基返回故鄉的願望終將幻滅。慕夏還在畫面兩側

安排自遠方聞訊而來的門徒，讓他們的飛奔所表現出來的速度感和畫面中央的凝滯哀戚形成對比。

柯門斯基對人類文化的貢獻，絕對不只限於他的教學活動，更重要的是他總結了文藝復興人文主義的傳統，並且提出多項劃時代的主張，為啟蒙運動開啟先聲。他著作等身，但是我們可以用《大教育學》這一部書來代表其中心思想，他的主張有以下幾點：

1. 教育應該普及化，不應該有性別、財力等限制，倡導應該以國家的力量來培訓人民發揮個人的才能。
2. 教育應該要實用，不應該只流於空泛的觀念而無法實踐與應用。
3. 教育不限於智育，也應該要包含體育和德育，青少年更應該充滿活力並且具有高尚的道德觀念。
4. 教育應該以改善人的品行，並提昇社會的福祉與秩序為依歸。

捷克政府除了將柯門斯基的生日3月28日明訂為教師節，也在面額200克郎的鈔票上以柯門斯基的肖像為主角，背面則分別以成人和小孩互相接觸的兩隻手代表教育與知識的代代相傳，而且用柯門斯基的《世界圖繪》一書當作底部背景，更加顯現出柯門斯基對人類教育文化的宏偉貢獻。

今天訪客們可以在布拉格小城區的華倫斯坦宮附近參觀**柯門斯基紀念館**，館中除了以大量的圖書和文物依序完整地呈現出柯門斯基的一生，也收藏了柯門斯基的珍貴手稿。受到戰火侵襲的緣故，柯門斯基許多珍貴手稿早就毀於兵馬倥傯之際，因此這批手稿也就顯得特別珍貴。柯門斯基紀念館的館長潘柯瓦博士（*Dr. Markéta Pánková*）特別提到這棟建築雖然不是柯門斯基的故居，但是紀念館本身卻是屬於同時代的建築物，能夠躲過多次戰火的摧殘實屬不易。館內的資深導覽員除

了詳細地解說之外也特別和筆者談到她的幼年成長經驗；她自小在捷克第二大城布爾諾長大，幼年時曾經受過第二次大戰的洗禮，飽受轟炸、炮擊、糧食物資短缺等戰禍所苦，她依然清晰地記得，終戰當天，滿城所有教堂的鐘聲齊鳴帶來的感動與啟發，讓她不禁跪下來祈禱世上不再有戰爭。早已退休的她選擇在柯門斯基紀念館擔任導覽員，是希望世人多多學習合一弟兄會放棄對「錢」和「權」的無止境追求，彼此勸勉相愛、過著敬虔樸素的生活。

■■■ 從「合一弟兄會」到「摩拉維亞弟兄會」

由於受到三十年宗教戰爭的侵擾與當政者的迫害，合一弟兄會不得不將活動化整為零或者流亡他鄉。一直到1722年，一小群合一弟兄會的會友們流浪到德國東部遇到了一位樂善好施的貴族——辛森朵夫公爵（Nicolaus Ludwig Zinzendorf，1700~1760）。辛森朵夫公爵應允讓合一弟兄會的會友們在他自己的領地上自由居住傳教，合一弟兄會的會友就在此建立了一個名叫「主護村」（Herrnhut）的村莊。

主護村起初只有來自摩拉維亞的合一弟兄會會友，漸漸地這裏也吸引了諸如路德派、敬虔派、喀爾文派的會友前來定居，但是彼此之間對於禮拜儀式與教義解釋上的不一致也逐漸衍生了許多歧見。辛森朵夫公爵於是在1723年5月12日召集主護村的居民訂立公約：

▲ 為了紀念柯門斯基，捷克在面額200克郎的鈔票正面，以其為主角。
▲ 200克郎的鈔票背面則分別以成人和小孩互相接觸的兩隻手代表教育與知識的代代相傳。

1.要將自己奉獻給主耶穌
2.帶領所有的人重回到十字架之下。

主護村的村民們更在一次祈禱會之後交流頻繁、互信互

愛，更加願意擔任宣揚福音的事工，因此成為了合一弟兄會大復興的基地，也開始以「摩拉維亞弟兄會」聞名於世。

1731年辛森朵夫公爵因為參加丹麥國王的加冕典禮而結識一位西印度群島的黑奴，在得知當地的情況之後，他開始呼召摩拉維亞弟兄會前往西印度群島宣教。在短短的三十年間摩拉維亞弟兄會的宣教足跡就遍及了歐、美、亞、非各洲。著名的英國傳道人約翰・衛斯理（*John Wesley*）曾經在航向美洲的旅途中遭遇到大風暴，正當全船的乘客都驚慌失措之際，他卻目睹了摩拉維亞弟兄會的會友們仍然心平氣和地唱著聖歌，這一幕詳和的景象讓他深深地受到感動。

至今，摩拉維亞弟兄會依然如同十六世紀的彼得・黑爾契斯基，維持著十分簡樸的生活，他們摒棄一切偶像崇拜、重視禱告與詩歌、獻身於福音的傳播。目前全球大約有八十多萬摩拉維亞弟兄會的會友，他們最大的集中地在非洲的坦尚尼亞。連綿數世紀的無情戰火並未將摩拉維亞弟兄會焚燬殆盡，憑藉著堅定的信仰與互信互愛的精神，他們仍舊不斷地傳播著上帝的福音。

▲ 德國的辛森朵夫公爵大方地讓合一弟兄會在自己的領土上居住傳教

TYCHO BRAHE
JOHANNES KEPLER

宅男皇帝與他的天文學家師徒

Chapter

8

這個皇帝不喜歡宮廷社交活動，卻十分熱衷於
占星術；因此，兩位天文學家只好隨侍在側，
提供即時的星相諮詢服務。

哈布斯堡家族是歐洲歷史上統治領土最廣的王室，發源於瑞士北
部，在1020年正式建立起自家的城堡。1556年，卡爾一世因為處理帝
國境內新、舊教的衝突而心力交瘁地遜位，廣大的領地一分為二。西
班牙系統的哈布斯堡家族統治西班牙及其屬地，奧地利系統的哈布斯
堡家族則統治神聖羅馬帝國，包括了洛林、盧森堡、德意志、瑞士、
奧地利、波希米亞、摩拉維亞和匈牙利的一部份。

　　繼承了波西米亞王位的斐迪南一世去世之後，他的兒子麥克西米
連二世（*Maximilian II.，1527~1576*）被選為神聖羅馬
帝國皇帝，受過良好教育的麥克西米連二世對科學、
藝術和音樂都非常地重視；他曾經受過路德的學生希
佛爾（*Wolfgang Schiefer*）指導，這使他成為哈布斯堡
家族當中唯一和天主教保持距離的執政者。個性十分
隨和的麥克西米連二世絲毫沒有帝王的威嚴，宅心仁

▲ 特奇小鎮中的建築，堪稱文藝復
　興風格的經典之作。

◀ 偏好居家生活與收藏珍玩的魯道
　夫二世，儼然就是今日所說的
　「宅男」。

◀ 捷克共和國外交部正後方的天文
　學家師徒迻谷與克普勒雕像。

厚的他對於境內的新教徒相當友善寬容，一直到臨終時，他都拒絕羅馬教會為他舉行最後一次聖禮，帝國境內所有的人民都為他的去世而哀悼不已。

麥克西米連二世的兒子魯道夫二世（*Rudolf II.*, *1552~1612*）因為可能繼承西班牙系的王位，而在11歲時被送往馬德里的宮廷接受教育，他雖然也具備了父親那種溫文的個性與對藝術和科學的熱愛，但是卻也可能受到曾祖母──卡斯提亞的瘋后胡安娜（*Juana I de Castilla*，*1479~1555*）基因遺傳，因而十分內向，長大成人之後更顯得陰鬱寡歡、神秘孤僻；再加上馬德里宮廷裏耶穌會教士們的嚴厲教導，使得他即位之後就開始對帝國境內新教徒的活動加以限制。

■宅男皇帝──魯道夫二世

魯道夫二世於1576年即位，終身未娶，但是他卻有多位情婦，也和一位貴族的女兒育有六個非婚生的子女。他不喜歡宮廷的社交活動，偏好家居生活與各種珍玩的收藏。1583年，他將首都遷往布拉格，以避開維也納喧鬧的宮廷生活，而且從1594年之後就不再出席國會，後來更是拒絕批閱公文，完全生活在個人封閉的異想世界當中，因此使得他那位極具野心的胞弟──馬蒂亞斯（*Matthias*，*1557~1619*）十分覬覦帝位而動作頻頻，也導致兄弟兩人的關係形同水火。

魯道夫二世對於各種珍玩和藝術品的收藏，出手從未手軟過，而1593~1606年間他和奧圖曼土耳其帝國之間的長期征戰，使得國庫日益見絀，因此他開始對當時歐洲所盛行的「煉金術」寄予厚望，期望召募來的科學家們（大部份是江湖術士）能夠將賤金屬冶鍊成金。此外，魯道夫二世對於占星術也十分著迷，因而願意贊助大量的資金和設備，先後聘請來自丹麥的天文學家逖谷・布拉赫（*Tycho Brahe*，*1546~1601*）和德意志的克普勒（*Johannes Kepler*，*1571~1630*）這對師徒前

瘋后胡安娜

卡斯提亞的瘋后胡安娜是最後一任出身於西班牙本土王室的君主，在她之後的西班牙君主均帶有外國王室血統。她的精神分裂症導因於夫婿的不忠，又因為她是當時西班牙王位的唯一合法繼承人而分別遭到父親、丈夫、兒子三位親人的利用，而且被親人長期囚禁。但是她的子女卻左右了歐洲的各大王室，包括兩位神聖羅馬帝國皇帝以及法國、丹麥、匈牙利、葡萄牙的四位王后。

來布拉格從事天文研究。以魯道夫二世平庸的政績和憂鬱的個性實在不容易名垂青史，主要還是因為他贊助了逖谷・布拉赫和克普勒這對天文學家師徒，藉由他們的研究成果對人類文化史上所造成的巨大貢獻，以及他所收藏的藝術品才讓世人「順便」記得他。有趣的是魯道夫二世最廣為人知的個人肖像並非中規中矩、威嚴顯赫的那種類型，反而是一幅由義大利籍宮廷畫家阿慶波多（Giuseppe Arcimboldo，1527~1593）繪製、目前收藏在瑞典的斯科克羅斯特堡（Skoklosters slott）內的一幅由蔬果所組成的肖像畫。

■聖誕夜的鯉魚餐

魯道夫二世執政期間，布拉格的市容增添了許多文藝復興風格的建築物，這主要歸功於羅伯科維茨（Lobkowitz）和羅森貝格（Rožmberk）兩大貴族的首開風氣；而這種風格也很快地普及到全捷克的建築物上，例如已經被聯合國教科文組織選定為世界文化遺產的**切斯基・庫倫洛夫**（Český Krumlov）和**特奇**（Telč）這兩座小鎮，都是文藝復興風格建築的經典之作。羅森貝格家族的威廉（Vilém z Rožmberka，1535~1592）是一位罕見具有企業經營頭腦與藝術鑑賞力的貴族，他除了極力贊助藝文活動之外，也在波希米亞南部的領地內以翠繽（Třeboň）一地為中心，大量鼓勵耕作麥類以及大規模的池塘養殖業，羅森貝格家族主導飼養池塘的開挖工程，其中最大的一座幾乎可以稱得上是湖了！所以這一座池塘也就以羅森貝格

1. 西班牙的瘋后胡安娜
2. 宅男皇帝魯道夫二世與最廣為人知、由蔬果所組成的個人肖像畫。
3. 切斯基庫倫洛夫的建築完整保留了典型的文藝復興風格。
4. 長久以來捷克人因為鯉魚的生命力強而深信多吃它會有益於延年益壽。

切斯基‧庫倫洛夫的美景就
像童話故事一般，令人留連
不已。

文藝復興建築

歐洲建築史上繼哥德式建築之後出現的風格，十五世紀在義大利隨著文藝復興運動的誕生而形成。其明顯的特徵是揚棄中世紀的哥德式風格，在宗教和世俗建築上重新採用古希臘羅馬時期的古典形式。當時的建築師和藝術家們基於對中世紀神權至上的批判和對人道主義的肯定，認為哥德式建築是基督教神權統治的象徵，古代希臘和羅馬的建築是非基督教的，古典建築、特別是古典柱式構圖體現了和諧與理性，並與人體美有相通之處，在在符合文藝復興運動的人文主義觀念，從而希望借助古典的比例重新塑造理想中的協調秩序。因此一般說來，文藝復興建築非常講究秩序和比例，擁有嚴謹的立體和平面構圖以及從古典建築中繼承下來的柱式系統。

▼特奇小鎮周邊的美麗景致，湖畔也有聖・楊・聶波慕斯基的雕像。

為名。1547年有一位楊・杜布拉畢優斯（*Jan Dubravius*）曾經寫下了討論池塘養殖魚類的專書。因為捷克的地理位置在歐洲的內陸，在沒有冷凍保鮮設備的時代，除了價格高昂的醃漬海水魚之外，人們只能夠吃到新鮮的淡水魚類，其中又以繁殖力強、體型壯碩而且肉質多的鯉魚最受到捷克人的喜愛。長久以來捷克人也因為鯉魚的生命力強而深信多吃它會有益於延年益壽，因此鯉魚餐也成了捷克的招牌國菜之一，尤其是在聖誕節前夕，家家戶戶大概都會先買幾條活的鯉魚養在家裏的水缸中以去除魚的土味，待聖誕夜全家團聚時再一起享用內陸國難得吃到的活魚大餐！

█ 金鼻子天文學家──逖谷・布拉赫

逖谷・布拉赫出身於丹麥的貴族世家，幼年時因為親眼目睹了別人所預測的日蝕而迷上了天文學。16歲時進入德國的萊比錫大學留學，白天研讀法律、晚上則研究天文星空；短暫返鄉之後又前往威丁堡（*Wittenberg*）鑽研數學，後來為了躲避

庫倫洛夫在捷克語的定義是「河道彎曲處的淺灘台地」，此地位於伏拉塔瓦河的上游河段。人口大約一萬五千人的美麗小鎮在1992年被聯合國教科文組織登錄為世界文化遺產，被譽為「歐洲最美麗的小鎮」。位於河西岸山丘上的切斯基庫倫洛夫城堡和對岸淺灘台地的小鎮共同構成一幅文藝復興風格建築的經典之作。要從布拉格前往此地最好搭乘巴士，因為火車站離鎮中心有段距離，而從巴士站走進鎮上則輕鬆愉快！

🚂 特奇小鎮

鎮上的建築以文藝復興風格為主。要從布拉格前往此地可以搭乘巴士，但是班次不多；從伊赫拉瓦到特奇的班次較多。從巴士站走進鎮上約10～15分鐘！

▲ 丹麥的天文學家逤谷・布拉赫。

瘟疫而轉往羅斯托克。年輕氣盛的逤谷因為酒後和人決鬥而導致鼻尖被削掉，無奈只好去安裝了一具閃閃發亮的金屬義鼻，終身配戴；沒想到安裝金屬義鼻這件事卻引發他對煉金術和醫學方面的高度興趣，隨後還在德意志地區遊學多年並且從事化學方面的研究。

1572年他發現仙后座附近的一顆超新星，並且在次年出版了《新星》（*De Nova Stella*）一書詳細敘述這次研究的過程；這本書讓他揚名歐洲，也引起了丹麥國王腓特烈二世的注意，這位好大喜功的國王為了延攬個性急燥又驕傲的逤谷回國從事研究，答應供給他一筆可觀的年金並且將汶島（*Hven*）撥交給他使用，逤谷因此得以在島上建立了一座包含天文台、實驗室、科學器材工廠、住宅和花園的「天之堡」。此後的21年之間，逤谷和他的學生們連續每天記錄太陽可見的運行資料，並且收集分析大量精確的天文數據，為後代研究者留下無限珍貴的訊息和觀念。1577年他又發表了彗星是一種依循固定軌道在運行的天體，而並非先前大家所認定是由地球的大氣所衍生出來的物理現象；逤谷還在他圖書館內的天球儀上，仔細地標示出七百多顆星體，這也代表了他一生對天文學研究的成果與貢獻。

1588年丹麥國王去世，新國王是一位年僅11歲的小男生。由於攝政們對於逤谷的驕奢作風十分地不滿，於是逐步刪減他的年金，最後悉數刪除了國家對於逤谷的補助。此時恰好迷信占星術的神聖羅馬帝國皇帝魯道夫二世下詔向逤谷招手，他也因此樂得於1599年前往布拉格，成為皇帝的座上賓，為魯道夫二世解盤分析星象。魯道夫二世慷慨地贊助逤谷，讓他得以在距離布拉格東北方十幾公里一處名為伊澤羅河邊的貝納特基堡（*Benátky nad Jizerou*）繼續從事星象的研究。這裏的環境類似先前的汶島，因為每當河川汛期來臨時，城堡周圍就會被水所淹沒，因而也有「波希米亞的威尼斯」這個美麗的別稱。逤谷除了從汶島載運大量的天文和實驗器材前來貝納特基堡，也

開始考慮徵求研究助理，他想起曾經收過一位年輕人所寄來的論文著作《宇宙的奧秘》，並且在1600年幸運地召募到這一顆來自德意志的天文「巨星」——克普勒（*Johannes Kepler，1571~1630*）。

■來自德意志的天文「巨星」——克普勒

克普勒出生在現今德國西南部大城司圖加特附近的懷爾城（*Weil der Stadt*），他是個早產兒，體質本來就虛弱，在四歲時又染上了天花，後來雖然得以康復撿回了一條小命，但是卻也造成他一隻手半殘以及終身弱視。他在六歲時曾經目睹一顆劃過歐洲天際的大慧星，因此對於天文的觀察產生了濃厚的興趣。1589年，他受到領主符登堡公爵的贊助，進入杜賓根（*Tübingen*）大學就讀，除了研讀神學之外也廣泛地吸收其他學科的知識，那時候他便受到麥斯特林（*Michael Maestlin，1580~1635*）教授的指導所影響，接受了哥白尼的「太陽中心論」天文學說。

完成大學學業之後，克普勒受聘到斯蒂利亞（*Styria*）的格拉茲（*Graz*）擔任教職，教授數學、拉丁文和修辭學。克普勒因為在《宇宙的奧秘》一書中大力倡論哥白尼的「太陽中心論」理論，激怒了對天主教十分狂熱的斐迪南大公（也就是後來在1619年當上波希米亞國王，隨後又挑起了三十年宗教戰爭的神聖羅馬帝國皇帝斐迪南二世）。斐迪南大公下令在他領土內所有的新教徒都必須被驅逐出境，克普勒因而開始流離失所，一直等到接獲逖谷的邀約之後才出現了轉機。

克普勒疲憊地來到逖谷所在的貝納特基堡之後，因為急於獲得更穩定的收入以及將妻女接來同住而和逖谷大吵了一架，事後兩人卻奇蹟似的盡釋前嫌，逖谷正式聘任克普勒擔任他的研究助理，克普勒也開始領取皇室的薪俸，總算可以安心地幫助逖谷作研究。

但是好景不常，因為躲避瘟疫而暫居在皮耳森九個月的魯道夫皇帝返回了布拉格，他要求逐谷必須隨侍在側為他分析星象，好讓他為一些猶豫不決的事下決定，逐谷和克普勒只好離開貝納特基堡而改待在布拉格，為魯道夫皇帝提供占星術的諮詢服務。逐谷念念不忘耗費他大半生研究所累積的資料，他向皇帝建議將在克普勒的協助之下，把數十年來觀測天文的記錄集結成冊出版，然後將這一份珍貴的研究心得命名為《魯道夫星表》（*Tabulae Rudolphinae*）並且題獻給皇帝。

魯道夫二世皇帝對於這種能夠留名青史的建議立刻欣然接受，然而逐谷卻在幾天之後的一次宴會當中因為憋尿而病倒；他後來逐漸陷入精神錯亂的狀態，臨終時一直反覆地說著：「不要讓我這輩子白活了！」當時人們咸信逐谷是死於腎結石，但是後人於1901年再度檢查他的遺體時，卻並未發現任何結石，因此研判他的死因可能是尿毒症。魯道夫二世皇帝舉行了盛大的儀式將逐谷予以厚葬在布拉格舊城廣場旁的聖母院（*Týn*）內。克普勒也被指定為逐谷的繼任者，他成為皇家數學家了！不但可以自由使用逐谷所遺留下來的觀察數據和精密儀器，而且薪俸還翻漲了六倍之多！但是克普勒也立即明白到這項艱鉅工程的急迫性，《魯道夫星表》的重大任務已經著實地壓在他的肩上了！

運用逐谷所遺留下來的觀察數據，克普勒終於在1604年完成了他第一項劃時代的貢獻，他提出火星繞太陽運行的軌道是橢圓形的，而不是自柏拉圖以降至哥白尼所認定的圓形軌跡。1609年，他正式提出「克普勒三大定律」的前兩項。

魯道夫二世皇帝在1593~1606年間與奧圖曼土耳其帝國爆發長期征戰，1604年境內的匈牙利又發生叛亂事件，內外交相逼迫的壓力使得他的心智急速衰退，再加上占星術預言他會被謀弒，使得他陷入一種被極度壓抑的恐懼與孤獨之中。1608年他那位極具野心的胞弟馬蒂亞斯就藉由獲得匈牙利叛亂者的支

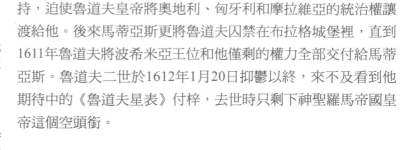

1. 克普勒為叱吒風雲的一代名戰將華倫斯坦推算天象解盤並且出版占星曆。
2. 克普勒的住處一景
3. 克普勒的住處。
4. 克普勒故居的中庭內紀念他在天文物理學偉大成就的銅雕。

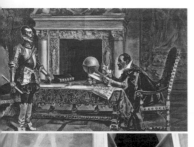

持，迫使魯道夫皇帝將奧地利、匈牙利和摩拉維亞的統治權讓渡給他。後來馬蒂亞斯更將魯道夫囚禁在布拉格城堡裡，直到1611年魯道夫將波希米亞王位和他僅剩的權力全部交付給馬蒂亞斯。魯道夫二世於1612年1月20日抑鬱以終，來不及看到他期待中的《魯道夫星表》付梓，去世時只剩下神聖羅馬帝國皇帝這個空頭銜。

魯道夫二世皇帝去世之後，克普勒頓時失去了依靠，不得以只好離開布拉格，轉而接受林茲（Linz）一地的教職，再度以教書維生。可惜他的妻子染病驟逝，他只得再續弦，但是耗費他精神體力的厄運卻接踵而來，因為他的母親被指控為女巫，為了幫母親脫罪辯護，又耗掉了他整整六年的時間。

雖然身陷在諸多磨難當中，克普勒依然沒有放棄他的研究，終於在1619年出版《世界的和諧》（Harmonice Mundi）一書提出他的第三項定律。

諷刺的是克普勒在歐洲戰雲密布的時候完成了《世界的和諧》這部劃時代的鉅著，他把行星運行的速度比喻成音符，行星之間的規律運行構築成了天體的和聲。他滿心歡喜地在書末寫道：「……感謝 ！造物主……。」後來，牛頓也在數學上證明了克普勒定律的嚴整性。克普勒的三大定律不但徹底地瓦

克普勒三大定律

● 第一定律，也稱為「橢圓定律」
每一顆行星都沿著各自的橢圓軌道繞行著太陽，而太陽則位於橢圓的其中一個焦點。

● 第二定律，也稱為「等面積定律」
在相等的時間之內，太陽和行星間的連線所掃過的面積都相等。所以每顆行星在離太陽較近時的運行速度會比離太陽較遠時來得快。

● 第三定律，也稱為「調和定律」
各個行星繞行太陽公轉周期的平方和它們橢圓軌道半長軸的立方成正比。由這一個定律導出：行星與太陽之間的引力與半徑的平方成反比。此定律更為往後牛頓發表萬有引力定律奠下了一個恢宏的基礎。

解了托勒密的複雜宇宙觀，並且完善簡化了哥白尼的太陽中心說，更重要的是為牛頓導出萬有引力定律的研究奠下了基礎。

因為受到三十年宗教戰爭的侵擾，克普勒在1626年遷往德國南部的烏耳姆（*Ulm*）。由於皇家積欠他許多薪水，使得他的經濟狀況雪上加霜，不得以只好轉而向天主教陣營的一代名將華倫斯坦（*Albrecht Václav Eusebius z Valdštejna，1583~1634*）申請占星家一職，為這位叱吒風雲的戰將推算天象解盤並出版占星曆。

這段期間，克普勒持續不斷地將逤谷以及自己的研究編入《魯道夫星表》，一直到1627年總算得以將之出版。1630年克普勒動身前往雷根斯堡向帝國議會追討積欠多時的薪俸，但是卻不幸染上了熱病而在11月5日去世，一代天文大師就

🚃🚃🚃 克普勒的住處

克普勒當時就住在今Karlova街4號，很接近卡爾大橋。

此隕歿！克普勒無法像他師父一樣享有國葬般的尊榮，他的墳塚因為戰亂之故早已經湮沒無處可尋，但是布拉格的市民為了紀念這一對師徒對於天文物理學的卓越貢獻，特別在當年逤谷位於布拉格的住處附近（捷克共和國外交部正後方的克普勒路旁）為他們兩位豎立了雕像以茲紀念。至於**克普勒的住處**，因為恰好在觀光景點卡爾大橋旁，往往被熙來攘往的遊客潮所忽略。親愛的朋友們，您若是有機會到布拉格一遊可千萬不要忘記這幾個重要的文化景點呦！

功高震主的一代名將華倫斯坦

古斯塔夫二世被敵兵圍殺後，瑞典軍隊便發狂
似的攻擊華倫斯坦陣營，為的是奪回國王那滿
是刀痕的屍體。

前面曾經提及，「第二次布拉格擲窗事件」的發生，間接導致了
三十年宗教戰爭的一連串悲劇；接下來要上場的則是這場戰爭中的靈
魂人物——華倫斯坦。

■吹響三十年宗教戰爭的號角

野心勃勃逼迫「宅男皇帝」胞兄讓出所有權位的馬蒂亞斯雖然如
願以償地當上了皇帝，但是他也因為長年征戰而在1619年3月20日疲憊
地去世了。早在1617年，他就曾經敦促波希米亞國會
承認他的表弟斯蒂利亞的斐迪南大公為波希米亞王。
斐迪南大公是一位狂熱的天主教支持者，他下令禁止
波希米亞新教徒的所有宗教活動，並且拆毀了新教徒
的教堂進行大規模強力鎮壓行動。為了捍衛信仰自由
的權利，兩方遂於1618年開啟戰端。

▲ 慘烈的三十年宗教戰爭讓歐洲各
國均陷入腥風血雨。

◀ 一代名將華倫斯坦一生大小征戰
無數，最後卻慘死於部眾的謀逆
行動。

◀ 華倫斯坦宮至今仍保留著精美完
整的巴洛克式建築裝飾。

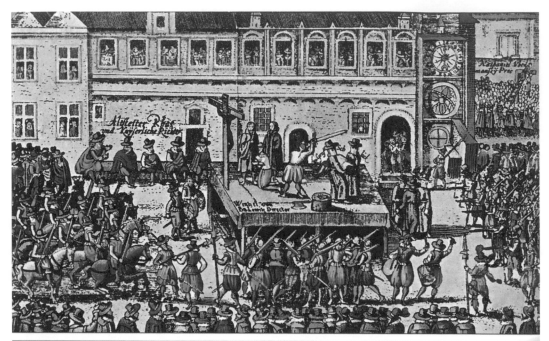

Verzeichnus was gestalt der Graff von Schlick vnd andre
hohe vnd Niderstands Personen hingericht vnd vollzogen werden.

三十年宗教戰爭是一場由神聖羅馬帝國的內戰而演變成全歐紛紛捲入的一次大規模國際戰爭。這場戰爭主要的導因是宗教信仰上的衝突，後來又牽涉到各國爭奪霸權與利益而一發不可收拾。戰爭以波希米亞反抗哈布斯堡的高壓統治開始，以哈布斯堡皇室戰敗各國簽訂《西伐利亞和約》宣告結束。

期間，1619年6月波希米亞起義軍也曾經一度進兵至維也納近郊，與斐迪南大公進行談判；他礙於形勢，表面上與波希米亞談判，暗中則向天主教陣營討救兵，當天主教援軍到達解圍之後，斐迪南大公就準備以更大的軍事行動徹底掃蕩新教的勢力。

但是，斐迪南大公的如意算盤並不順利，波希米亞國會於1619年8月19日宣佈廢除他的王位以反制天主教的勢力，他們另行於8月27日推舉巴拉丁那地區的喀爾文教派選侯腓特烈五世為波希米亞國王，並且宣佈波希米亞獨立。腓特烈五世不顧岳父——英國國王詹姆士一世的反對，於1619年10月31日帶著妻子伊莉莎白，在波希米亞民眾和國會的熱烈歡呼之下進入布拉格登基為王；不過，與此同時，神聖羅馬帝國的選帝侯們也在8月28日這一天，正式推選斐迪南大公成為皇帝，稱號「斐迪南二世」。

◀白山戰役後的行刑圖。
▼布拉格舊城廣場旁地上白十字，紀念著白山戰役後被處決的27位新教領袖。

■天主教聯軍擊潰新教勢力

斐迪南二世下令兵分二路攻入波希米亞，卡爾（*Karel Bonaventura Buquoy，1571~1621*）帶領著帝國軍，會同提利伯爵的天主教部隊一齊進逼布拉格。雙方於11月8日在布拉格西郊的白山發生了大戰，波希米亞方面潰敗，腓特烈五世和妻子最後只好流亡到荷蘭，他的原有領地巴拉丁那被拜昂的天主教部隊攻入劫掠了一番，最後巴拉丁那被皇帝賞賜給拜昂的選侯馬克西米連一世（*Maximilian I.，Kurfürst von Bayern，1573~1651*）。因為腓特烈五世只有在波希米亞的王位上待過了一個冬天，因而也被戲稱為「冬王」。白山戰役之後27名波希米亞的領袖在布拉格舊城廣場上被殘酷地處決，行刑之後又把他們的首級懸掛在卡爾大橋的舊城橋塔上長達十年之久，藉此殺一儆百徹底壓制波希米亞的新教徒勢力。

波希米亞的戰事雖然告終，但是法國、英國、丹麥和瑞典等國卻因為擔心哈布斯堡家族帝國再度強大，所以他們在法國宰相利希留高超的外交手婉之下互結聯盟以共同對付哈布斯堡家族。首先由丹麥國王克里斯欽四世（*Christian IV.，1577~1648*）親自領軍南下切斷了哈布斯堡家族東西向的補給線。新教陣營的反攻確實讓斐迪南二世皇帝大吃一驚，拜昂的選侯馬克西米連一世此時也頻頻向他催促增援，斐迪南二世不得已只好起用了華倫斯坦這位超級戰將！三十年宗教戰爭這時候進入了所謂的「丹麥階段」。

■華倫斯坦登場

一代名將華倫斯坦出身於東波希米亞*Heřmanice nad Labem*一地的貴族世家，早年受過合一弟兄會和路德教派的教育影響，曾經遊學義大利，然後又轉往馬蒂亞斯大公的維也納宮廷，也因為外在環境的影響而改宗接受天主教，並且將自己的前途押注在天主教陣營這一邊。

他因為和一位富孀結婚而獲得了一大筆財富，擅長於理財的他利用1622年波希米亞貨幣狂貶的機會，低價購得許多新教徒被沒收的田產，很快地將波西米亞四分之一的土地納入自己的名下，因而得以在波希米亞東北部建立起屬於自己的福利得蘭公國（*Frýdlantské vévodství*），並且於1628年在首府奕欽一地開始發行自己的貨幣。

華倫斯坦十分積極進取，不像其他封建領主只會剝削民脂民膏，他在自己的領地上鼓勵耕織、設立耶穌會學校、救濟貧民，並且推動農工業的改良，不但自己的倉廩充實，還有餘裕可供借貸給斐迪南二世皇帝來支付戰爭的鉅大開銷。他雖然也是天主教徒，但是卻不像斐迪南二世皇帝那麼熱血沸騰；相較之下，他對於占星術的信賴遠高於對上帝的信心。

■ 大洋與波羅的海海軍上將

1625年斐迪南二世皇帝授權給華倫斯坦領軍兩萬反攻新教的軍隊，他優異的軍事天份很快地得到了發揮的舞台，不但在德紹一地擊敗敵軍，而且還長驅北上，席捲新教勢力範圍的布蘭登堡，隨後又直搗丹麥的豪斯登公國。或許是波羅的海鹹濕的空氣膨脹了華倫斯坦的企圖心，他在1627年自栩為「大洋與波羅的海海軍上將」；正當提利伯爵的天主教聯軍只剩下兩萬多人時，華倫斯坦卻已經掌控了一支十四萬人的勁旅，他的勢力讓每一位新教陣營的邦主們都感到頭痛不已，甚至連斐迪南二世皇帝也不得不開始提防他的強大軍事實力了！

隨後，華倫斯坦更進一步在1629年5月22日私底下和丹麥國王克里斯欽四世簽訂《呂比克和約》，寬大的和約內容卻令新舊教雙方的陣營都大感疑惑。或許當時華倫斯坦正在醞釀著一項結束小邦林立，進而將神聖羅馬帝國整合成一個強大政治實體的秘密計劃，所以他不願讓西歐和北歐的諸侯們再度聯合起來對抗他的既得權勢。

▲ 華倫斯坦像。

▲ 擅長理財的華倫斯坦利用波希米亞貨幣狂貶的機會，低價購得許多新教徒被沒收的田產，很快地將波西米亞四分之一的土地納入自己名下，並且於1628年在首府奕欽發行自己的貨幣。

▼與華倫斯坦勢均力敵的瑞典國王古斯塔夫二世；當他加入戰局後，三十年宗教戰爭便正式進入「瑞典階段」。

斐迪南二世皇帝對於華倫斯坦的舉動並非不聞不問，但是他尚且需要華倫斯坦那支攻無不克的大軍來執行一項高難度的計劃——熱衷於天主教的斐迪南二世皇帝為了要恢復1552年以來被奪走的天主教教產和歲入，終於在1629年3月6日公佈了「教產復原敕令」；這一項報復性的舉動極可能使得整個帝國境內再度陷入混戰與失序的局面，包括拜昂的馬克西米連一世在內的諸侯們都力勸皇帝三思而後行，但是斐迪南二世皇帝依然下令由華倫斯坦的軍隊為他嚴格執行這一項命令，可想而知這隨即又引起了境內新教邦國人民的流離失所。等到帝國境內再也沒有任何足以反抗的新教勢力之後，斐迪南二世皇帝又故意下令將華倫斯坦業已成長茁壯的三十萬大軍調往義大利；華倫斯坦以「必須防範新崛起的瑞典」為理由而拒絕移防，卻因此被皇帝予以強制革職。華倫斯坦雖然心有不甘，但是他卻願意退隱回到波希米亞的封邑，因為他預料得到，沒有了他的調兵遣將，瑞典軍勢必曾重挫天主教陣營的銳氣，而且這也將為他的重掌兵符再次吹響出征的號角！

■■「北方之獅」加入戰局

斐迪南二世皇帝強制執行「教產復原敕令」也為瑞典國王古斯塔夫二世提供了一個登場的新舞台，瑞典國王開始以新教的救星自栩，正式率軍參戰，三十年宗教戰爭從此進入所謂的「瑞典階段」。

古斯塔夫二世率領四萬名訓練精良的軍隊，他們不但因為配備了新式燧發槍和輕型火砲而得以同時擁有高度的機動性和打擊力，更重要的是古斯塔夫二世以嚴格的信仰規範軍紀，使得瑞典軍隊不同於其他軍隊的燒殺擄掠、以戰養戰。再加上法國樞機主教利希留供給瑞典財務上的大量金援，很快地瑞典軍就在古斯塔夫二世國王身先士卒的領軍作戰之下控制了橫跨奧得河與萊因河之間的地區，新教陣營的軍隊也得以順利地攻入布拉格。

1.一群利慾薰心的部下，首
　先謀弒華倫斯坦（圖左靠
　窗）的幾位親信，然後衝
　進臥室將他刺殺。

2.華倫斯坦宮花園裡的精美
　銅雕，由荷蘭巴洛克雕塑
　大師亞德里安所製作。

3.亞德里安是北歐文藝復興
　時期著名的雕塑家之一。

　　發慌的斐迪南二世皇帝出於無奈，只好再度央求華倫斯坦
的軍事援助，華倫斯坦因此藉機向皇帝爭取最高統帥權以及議
和權，而且要求所有征服得來的土地均歸為他的封邑；礙於情
勢所逼，斐迪南二世皇帝不得不首肯，於是，華倫斯坦便很快
地出兵收復了布拉格。年邁的提利伯爵在和瑞典國王交戰之後
卻傷重而殞命，瑞典軍更佔領了慕尼黑，一度還可能兵臨維也
納。雖然華倫斯坦的復出讓瑞典軍有所顧忌而北撤，但是兩軍
終究還是在萊比錫附近的呂琛展開了決戰。兩位當代的軍事天
才對壘，雙方軍隊也反覆地衝殺與佈陣；瑞典軍雖然只有兩
萬五千人，卻能夠在國王古斯塔夫二世親冒矢石率軍衝殺之
下，力克天主教陣營的四萬強敵，然而古斯塔夫二世卻在最後
一次率領騎兵團衝鋒時中彈落馬，他高喊著：「我是用血保衛
德意志人民宗教和自由的瑞典國王！」隨即被敵軍的士兵圍
殺。瑞典軍因為失去了國王而極度悲憤，他們發狂似的擊退了
華倫斯坦的軍隊，只為了要奪回古斯塔夫二世那滿是刀痕的屍
體。當天晚上天主教陣營雖然戰敗卻依然竊喜，因為他們的強
敵「北方之獅」已經陣亡！

■華倫斯坦慘遭部下謀弒隕命

常勝將軍華倫斯坦在呂琛之役首嚐敗績，讓他的心理頗受打擊，於是退隱波希米亞，更不顧皇帝的調遣動員，逕自轉而和新教的領袖們談判，華倫斯坦將自封為波希米亞王的謠言也因而四起。1633年底，斐迪南二世皇帝下令罷黜了華倫斯坦的所有官銜職務，華倫斯坦不得已在1634年2月帶領了一千多名部眾逃離皮耳森退往黑博城，然而卻有一群利慾薰心的部下正密謀造反——他們在2月25日晚餐時先謀弒華倫斯坦的幾位親信，然後衝進華倫斯坦的臥室將他刺殺，隨即逃往維也納向皇帝領賞，功高震主的一代名將就此殞命！

照理說華倫斯坦應該會如同歷史上的許多王公貴族一樣，很快地被時代的洪流所淹沒遺忘，然而他的事蹟卻因為德國大文豪席勒所寫作的劇本《華倫斯坦》三部曲而得以廣為至今；就連民族音樂之父史梅塔納也在1859年創作了一首題名為《華倫斯坦的軍營》的管弦樂作品紀念其事蹟。

■來一趟華倫斯坦之旅

華倫斯坦留給後代的文化遺產包括領地奕欽附近一座名為利玻薩的花園，當地至今依然完整地保留著當年他所規劃的一條長達兩公里的萊姆樹林蔭大道。他更花費鉅資買了數幢座落在布拉格城堡下的豪宅，並且聘請庭園名師將這些豪宅予以改建使之連成一氣，這就是讓世人到今天仍然能夠記得他名字的「**華倫斯坦宮**」，此處現在是捷克共和國的參議院所在地，偌大的花園免費開放給大眾參觀，花園裏有荷蘭巴洛克雕塑大師亞德里安（*Adriaen de Vries*，約1556~1626）製作精美的銅雕複製品。華倫斯坦宮的建築和裝飾屬於早期巴洛克式，充分流露出華倫斯坦曾經遊學義大利所受到的影響！

至於華倫斯坦被部下所謀弒的**黑博城**，因為剛好位於捷

🚃華倫斯坦宮

位於布拉格城堡下的一處豪宅，建築和裝飾屬於早期巴洛克式，現在是捷克共和國的參議院所在地，偌大的花園免費開放給大眾參觀。可以搭地鐵A線到Malostranskáá站，一出地鐵站就可以看到！

🚃黑博城

從布拉格搭火車或巴士都可以抵達黑博城。

克與德國的邊界，遊客並不像其他旅遊景點那麼的多，但是對三十年宗教戰爭史有興趣的朋友們來說，此地十分值得前往參觀。當年華倫斯坦下榻的大宅第，現在已經被改為黑博城的博物館，館內除了陳列許多三十年宗教戰爭時期的文物之外，還有華倫斯坦的衣物等用品；當然，最精彩的景點是華倫斯坦被部下謀弒的臥室，裏面的陳設依然保持當年的原狀，館方也刻意以陰暗的燈光營造詭譎的氣氛，讓參訪者印象深刻。

　　除了因為華倫斯坦在此被謀弒而出名之外，黑博城兩百多年之後還出現了一位聞名國際的鋼琴家——魯道夫‧塞爾金（Rudolf Serkin，1903~1991），他的德奧曲目唱片至今仍為全球愛樂人所重視與珍藏；黑博城博物館內詳細地展示了這位鋼琴家的一生，此外，塞爾金的故居也仍然完好地矗立在黑博城的廣場邊，為黑博城的參訪之旅寫下完美的休止符！

1. 黑博城的紀念館。
2. 華倫斯坦被謀弒的臥室。
3. 黑博城紀念館內三十年宗教戰爭時期文物。
4. 華倫斯坦的衣物等用品。
5. 塞爾金的故居。
6. 塞爾金（左二）獲得指揮大師托斯卡尼尼（右二）的賞識。
7. 塞爾金的眼鏡。
8. 塞爾金的紀念館內有一幅將他自幼到老的照片予以合成的鋼琴家海報。
9. 黑博城的城鑰。

《阿瑪迪斯》與音樂家們的捷克經驗

> 至今，走在古老的石板路上，彷彿依然能聽聞
> 莫札特、貝多芬、韋伯、馬勒筆下的錚鏦音
> 符……在這個國度的每一個角落裡迴蕩繚繞。

經過三十年宗教戰爭無情戰火的摧殘，波希米亞的人口從300萬銳
減到只剩下80萬，哈布斯堡家族也開始以高壓手段來統治這塊城鎮殘
破、農田荒蕪的土地。天主教成為唯一合法的宗教，耶穌會更是極力
地鏟除其他的宗派，德語成為官方和上層社會所通用的語言，捷克母
語卻遭到禁制，變成了鄉下農奴們之間的語言。

1683年，鄂圖曼土耳其帝國曾經兵臨維也納城下進行包圍戰，哈
布斯堡家族的雷歐波德一世皇帝（*Leopold I., 1640~1705*）卻無力迎
戰而退往帕紹，後來是靠著英勇的波蘭國王索畢耶斯
基（*Jan III. Sobieski, 1629~1696*）所率領的援軍抵達
才得以解圍。哈布斯堡家族雖然依然掌控著奧地利、
匈牙利、波希米亞等地區，但是在神聖羅馬帝國的影
響力已經大不如前，因為瑞典和法國在三十年戰爭之
後已經取代了哈布斯堡家族而成為歐洲的強國。神聖

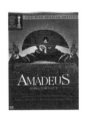

▲十八世紀時的城邦歌劇院。

◀《阿瑪迪斯》全片大部份在布拉
格以及摩拉維亞的克羅密耶利肯
取景，美國片商並租下城邦歌劇
院作為拍片現場。

◀莫札特相當喜愛聖尼古拉教堂內
的管風琴。

羅馬帝國皇帝此時已經不再以「羅馬」之名為傲,反而開始以「奧地利人」自居了!同時也將統治重心放在逐漸轉變成「奧、匈」帝國的國境之內。

　　雷歐波德一世皇帝的孫女瑪麗亞‧德蕾西亞（*Maria Theresia*,*1717~1780*）於1740年接下了大位,雖然她的父皇卡爾六世（*Karl VI.*,*1685~1740*）曾在1713年發佈《國事詔書》,要求帝國境內的諸侯必須承認他的女兒得以繼任為奧地利大公,而且女婿也可以登基為帝,以期能夠保有哈布斯堡家族領土和主權的完整性,但瑪麗亞‧德蕾西亞於卡爾六世去世之後繼承大公權位卻馬上就引起了許多諸侯的覬覦與反對,爆發了所謂的「奧地利領土繼承權戰爭」（*1740~1748*）。瑪麗亞‧德蕾西亞展現了她的高度政治智慧與外交手腕,在戰爭結束後總算獲得了各國對她繼承大統的承認,她和夫婿也成了「哈布斯堡——洛林皇朝」（*Habsburg-Lothringen*,*1740~1806*）的開創者,但是波希米亞北方富饒的石雷茨科地區卻幾乎全部割讓給新崛起的普魯士王國。

■解放農奴的開明君主——約瑟夫二世

　　繼承瑪麗亞‧德蕾西亞王位的長子約瑟夫二世（*Josef II.*,*1741~1790*）,則由於受到「啟蒙思潮」的影響而實行所謂的「開明專制」政策。他在1764年到1772年間曾經多次微服出巡匈牙利、摩拉維亞和波希米亞等地區,在鄉間親眼目睹許多農奴家庭因為過於貧困而導致小孩子們餓死的慘狀,這個經驗對他來說猶如一場震撼教育,讓他下定決心要解放被困綁在貴族土地上的農奴們。1775年時有一則流言說道政府即將廢除貴族對農奴們的強迫勞役,但是後來卻被證實並無此事,因此而激起了捷克平民的不滿與暴動,雖然暴動很快地被政府軍所敉平,但是也為約瑟夫二世廢除農奴的政策提早做了預告。1781~1785年,約瑟夫二世下了一連串的政令,廢止殘酷的「農奴制度」;從此之後,境內所有的人民都有享有遷徙、職

▲瑪麗亞‧德蕾西亞。

▼瑪麗亞‧德蕾西亞的長子約瑟夫二世受到「啟蒙思潮」的影響而實行所謂的「開明專制」；他解放農奴、恢復宗教自由、更改善了猶太人的基本人權。

業、結婚以及財產的自主權，貴族也不再享有對農民的刑事管轄權！

捷克人稱呼「農奴」為「*robota*」，這個悲慘的名詞流傳到二十世紀時反而被捷克著名的劇作家恰佩克所引用而賦予了新的定義。他在1921年所發表的《羅蘇莫的萬能機器人》一劇中，首次將「農奴」（*robota*）引申為「機器人」（*robot*）一詞而通行全球至今。

約瑟夫二世為了不讓宗教勢力一再地干預政治事務，終於在1773年下令驅逐耶穌會，他將被徵收的教產莊園分配給貴族，這些暴富的貴族們從全歐洲各地聘請建築師、畫家、雕塑家和各種工匠前來為他們的新莊園增添藝文的風采，波希米亞在這時期雖然增加了大量優質的巴洛克式建築和藝術品，但是對於當時的捷克人民卻並沒有什麼助益，不過倒是為後代的觀光業奠下了豐厚的基礎！1781年10月12日約瑟夫二世又頒佈了「寬容令」，准許胡斯、路德、喀爾文和東正教等教派恢復他們的教會，也得以興辦自己的學校和自由集會。

■猶太人，時來運轉

此外，約瑟夫二世對猶太人相當友善，他十分激賞猶太人在財政管理上對哈布斯堡家族的卓越貢獻，將許多猶太人提昇為新貴族，長久以來歐洲對猶太民族的排斥與不平等待遇因此而獲得極大的改善。他要求國民尊重猶太人的基本人權，不得羞辱或攻擊他們，更不准脅迫他們改變信仰；猶太人不必再被限制居住在牢城區，也享有就業、結婚和置產的自由。布拉格城區裏緊鄰著伏拉塔瓦河的猶太社區後來在1850年被納入市政府的編制，並改名為「約瑟夫區」以茲感念約瑟夫二世，當然，猶太人也因此必須善盡諸如服兵役等國民的基本義務。另外，將原有的猶太姓名更改為德語系名字的風潮，也使得捷克境內的猶太人因此開始大量地「德語化」！

歷經百年戰亂的捷克在約瑟夫二世的主政之下獲得稍為喘息的機會，工業化和貿易活動開始普及，歐洲第一條由馬匹所拉動的鐵路在波希米亞的切斯凱布迭優維茨和奧地利的林茲之間開始運轉；捷克的水晶玻璃製品和陶瓷器也開始行銷到歐洲以外的地區，摩拉維亞地區的紡織業因為蓬勃發展，所以首府布爾諾在當時還被稱譽為「奧地利的曼徹斯特」！1791年為了配合雷歐波德二世的登基大典，布拉格更舉辦了一次盛大的商展，來自於全國的各式商品被集中到布拉格商展場，催生了歐洲的第一次工業化商展。

此外，許多音樂家也在捷克休養生息的這段時間，來到了這塊土地，並留下許多美妙的樂章……。

■莫札特姐弟在歐洛慕茨撿回小命

莫札特一生在捷克總共待了大約半年的時間。1767年，他的父親雷歐波德獲悉瑪麗亞約瑟芬公主（*Maria Josepha*）即將舉行婚禮的消息，所以再度全家動員來到維也納，期待能夠在公主的婚禮上讓小莫札特和姊姊演奏以博取賞金和前途，卻不巧遇上了天花的疫情侵襲維也納，老莫札特不得已只好又帶著全家人前往摩拉維亞的大城**歐洛慕茨**（*Olomouc*）躲避天花。當地的波德史塔茨基（*Podstatský*）伯爵熱情地款待他們全家人，但小莫札特和姊姊卻因為在維也納進宮謁見皇族時已經被病毒所感染而雙雙發病，後來在伍爾夫醫師的細心照料之下才撿回兩條小命。小莫札特臥病期間，哈耶神父每天都來探視這一對神乎奇技的音樂神童，並且表演紙牌雜技為他們紓解煩悶，小莫札特也在這一段期間完成了他的F大調第六號交響曲作為他對歐洛慕茨的回報！

在他們返鄉途中，莫札特一家停留在摩拉維亞首府布爾諾過聖誕節，12月30日小莫札特也在這裏舉行了一場演奏會，

▲卡在聖三位一體紀念柱柱身上的未爆砲彈。

▶歐洛慕茨市政廳廣場上的「聖三位一體三柱」。

巴洛克（Baroque／
Barock）一詞源自葡萄牙
文，原意是奇異古怪的
「變形珍珠」，在歐洲藝
術史上指西元1600年至
1750年間的藝術文化，
上承文藝復興後期的矯飾
主義，下接十八世紀的
洛可可式藝術。巴洛克
建築則是十七～十八世
紀奠基於義大利文藝復興
建築基礎，發展起來的建
築和裝飾風格。特點是外
形自由，追求動態，重視
怪異和不尋常的效果，以
變形和不協調的方式表現
空間，以誇張的細長比例
表現人物，喜好富麗的裝
飾和雕刻與強烈鮮明的色
彩。循此原則建造的教堂
建築之裝飾雕琢極盡精
美，富麗堂皇，流露輕盈
流暢的動態感，並藉由外
在光線營造如幻似真的感
受，配合精美絕倫的工藝
技巧，展現強烈的神秘氣
氛，十分符合天主教會炫
耀財富和追求神秘感的要
求；因此，此風格從羅馬
發端後，不久即傳遍歐
洲，甚至遠達美洲。

博得滿堂喝采；一直到今天，布爾諾市為了紀念這一段莫札特
情緣還特別舉辦一項鋼琴比賽，參賽者的年齡上限就訂在莫札
特訪問此地時的11歲！

莫札特一家短暫停留的歐洛慕茨城，建立於1017年，在
1063年設立了主教區，原來是摩拉維亞地區的首府與政、經重
鎮。三十年宗教戰爭期間，這裡曾經於1642年被瑞典軍隊占領
劫掠，人口由3萬銳減到剩下2千人，摩拉維亞地區的首府也
因此而遷往布爾諾。歐洛慕茨市政廳廣場上的「聖三位一體
三柱」是為了紀念1716年瘟疫結束而開始興建，於1754年完
工，高度達34公尺，是目前全世界最大的一座聖三位一體雕
像，2000年被聯合國教科文組織UNESCO列入了世界文化遺產
名錄，被稱譽為「中歐巴洛克建築藝術的最佳典範」。1758年
歐洛慕茨遭到普魯士軍隊圍城砲轟時，有一顆未爆彈卡在柱身
上，幽默成性的捷克人不但沒有將砲彈拆卸下來，反而用金漆
將它突顯出來，作為反抗強權侵略的無聲回應！

歐洛慕茨還有一項名產是源起於1580年的歐洛慕茨起士
（*Olomoucké syrečky*），它獨特的口感曾經在1765年被哈布士
堡王朝的雷歐波德二世選入國宴當中。因為它的脂肪含量只有
0.6%，所以廣受現代人歡迎。

■音樂天才莫札特的捷克情緣

1777年，捷克著名的音樂家米思利維切克（*Josef
Mysliveček，1737~1781*）就曾經在義大利的波隆那建議小莫札
特前往布拉格發展音樂事業，或許是因為當時布拉格還沒有讓
莫札特得以施展身手的歌劇院，所以莫札特和母親決定轉往巴
黎發展事業。也在同一年，莫札特結識了一對捷克音樂家——
杜謝克（*František Xaver Dušek， 1731~1799*）夫婦，為他後來
前往布拉格大展鴻圖鋪設了坦途。1783年，由布拉格諾斯第切
伯爵法蘭堤謝克・安東尼（*František Antonín Nostitz~Rieneck*）

🚂 城邦歌劇院

1787年莫札特的名歌
劇《喬凡尼先生》在布拉
格的城邦歌劇院由作曲者
親自指揮完成全球首演,
此地現在也成為著名的觀
光景點,不斷上演歌劇和
舞台劇等節目。

所籌設的歌劇院完工啟用,這一座歌劇院起初就稱為「諾
斯第切劇院」,直到1799年才正式改名為「**城邦歌劇院**」
(*Stavovske divadlo*)。

諾斯第切伯爵設立這一座小巧但是卻很精美的劇院,用意
在兼顧娛樂和教化的社會功能。他收編了原來在布拉格小城區
表演的帕斯夸·邦第尼(*Pasqual Bondini*)劇團,做為這一座
新劇院的基本演出團隊。啟用之後,以德國啟蒙思潮大師萊辛
(*Gotthold Lessing*,1729~1781)批判專制封建的悲劇《艾蜜
麗雅·迦洛蒂》(*Emilia Galotti*)作為首演,為四年之後莫札
特來此大顯身手暖場。

莫札特所創作的名歌劇《費加洛婚禮》(*Le Nozze di
Figaro*,KV.492)內容描述農奴們如何愚弄好色又專制的貴族
地主,這齣喜歌劇對於哈斯堡家族專制封建的社會來說無疑
是一顆藏在花叢中的震撼彈,也因此《費加洛婚禮》十分受到
普羅大眾的歡迎。1786年5月1日《費加洛婚禮》由莫札特於維
也納的宮廷歌劇院身兼指揮和大鍵琴手舉行了一場成功的首
演,年底移往布拉格演出時,更是大獲成功!莫札特自從1783
年的《後宮誘逃》(*Die Entführung aus dem Serail*,KV.384)
初演之後在布拉格就一直享有盛名,而《費加洛婚禮》大受歡

◀歐洛慕茨起司博館裡面的
照片。
▲莫札特父子合奏圖。
◀十八世紀的城邦歌劇院。

迎更讓他的聲譽扶搖直上！布拉格的居民們殷切地期盼他們所景仰的音樂天才能夠早日造訪該地，於是由帕斯夸‧邦第尼正式具函邀請莫札特夫婦前來布拉格參與演出的盛會。莫札特夫婦欣然地接受邀請，經過了三天的舟車勞頓於1787年1月中抵達這座熱烈歡迎他們的愛樂城市。

■ 第38號交響曲與歌劇《喬凡尼先生》

這是莫札特夫婦首次造訪布拉格，剛好也遇上舞會季節，在一場以歡迎他們為主題的舞會上，與會的來賓們引用了《費加洛婚禮》中的音樂歡欣地跳舞！而在1月17日《費加洛婚禮》演出時，布拉格市民更是熱烈地對莫札特歡呼致敬。莫札特在布拉格的啤酒屋高興地暢飲到深夜，布拉格市民的熱情與香醇的啤酒使得莫札特在19日的演奏會上指揮他那首題名為《布拉格》的D大調第38號交響曲以作為回報！這首和他先前曲風迥異的作品是他晚期交響曲當中唯一去掉小步舞曲的三樂章交響曲，第一樂章以長達36小節的壯麗序奏開始，精妙的對位法和嚴謹的結構令人讚嘆，而第二段行板樂章的優美更蘊含著莫札特少有的深緩之情。第三樂章的急板開頭的主題是以《費加洛婚禮》中蘇珊娜和凱魯比諾《趕快打開》二重唱的同一動機開始，而且充滿了喜歌劇終曲般的音響。

1 | 2
3

1. 為了讓莫札特安心創作，鋼琴家朋友杜謝克夫婦熱情地邀請莫札特還往他們位於布拉格市西南郊的貝特蘭卡別墅。

2. 莫札特所鍾愛的貝特蘭卡別墅。

3. 貝特蘭卡別墅一景。

貝特蘭卡別墅

位於布拉格市西南郊的貝特蘭卡別墅，現在已改成莫札特紀念館供人參觀，可以搭乘路面電車4，7，9，10，14，58，59號或者地鐵C線在Anděl北側出站，徒步約600公尺便可抵達。

莫札特夫婦在布拉格受到貴賓般的款待，臨行返回維也納時，除了滿滿的荷包，還接受了邦第尼的委託，為下一季歌劇院的演出創作新劇。依照約定，莫札特有七個月的時間可以進行創作，所以他們夫婦倆也就帶著美好的回憶離開了布拉格，當下一次再度造訪這個善待他們的城市時，莫札特將會為布拉格帶來一部震古爍今的偉大歌劇《喬凡尼先生》。返回維也納後，莫札特在4月份首度和年輕的貝多芬會面，並預言貝多芬將來會成為音樂大師。但在5月底，故鄉薩爾斯堡卻傳來了父親的死訊，令他悲慟不已；或許父親的死亡也為莫札特在創作《喬凡尼先生》時帶來些許靈感，他有可能將自己和父親雙雙比擬成劇中的喬凡尼先生和統領石像來加以發揮創作。在原始版《喬凡尼先生》最終場景中，統領石像一直向喬凡尼先生威嚇勸說：「悔改吧！悔改吧！」然而喬凡尼先生卻執拗地一一予以回絕，這似乎頗為符合莫札特父子的生活寫照！

《喬凡尼先生》是莫札特的所有作品當中被哲學家、文學家、心理學家等等學界所廣泛探討的一部名歌劇。莫札特和他的劇作家朋友達彭特（*Lorenzo da Ponte*）共同完成這部歌劇的題材並不是由他們所首創的，而是取材自「璜先生」（*Don Juan*）這一則西班牙所流傳的傳奇故事；描述一位名為喬凡尼的好色貴族，他和僕人雷波雷洛以拐騙女性為樂，在荒淫不羈的生活中奢靡度日，最後喬凡尼終於遭到天譴，被先前遭到他所殺害統領的石像拖入地獄的故事。這個題材早已被許多人改編為戲劇和小說等作品，但是如果論及被演出的次數和影響的層面，則絕對是莫札特的創作奪冠！

莫札特和劇作家朋友達彭特於1787年8月帶著未完成的《喬凡尼先生》初稿再度來到布拉格，因為考慮到離歌劇院比較近的因素，他們就下榻在煤市旁的「三金獅旅館」。喧囂的市中心讓莫札特實在無法安心地繼續創作，10年前結識的鋼琴家朋友杜謝克夫婦此時熱情地邀請莫札特遷往他們位於布拉格市西南郊的**貝特蘭卡別墅**。莫札特原訂在10月14日、約瑟夫二

二世的皇妹和夫婿來訪布拉格的時候推出《喬凡尼先生》的首演，但是因為排練不順利，使得莫札特只好改為先演出《費加洛婚禮》並且將《喬凡尼先生》的首演延期到10月29日。據說莫札特一直到正式演出的前一天都還沒有將序曲寫好，當天夜裏他要求太太為他斟酒、講故事來讓他保持清醒以繼續寫曲；後來他要求小睡片刻之後再繼續寫作，沒想到太太也睡過頭而忘了叫醒他，當莫札特醒來時離抄譜員約定前來領取手稿的早晨七點只剩下兩小時而已，可是他卻奇蹟似的快速寫完序曲準時交件。

■生我者父母，知我者布拉格也！

1787年10月29日當天莫札特就在諾斯第切劇院，親自指揮著由20人所組成的樂團舉行了《喬凡尼先生》的首演。幸運搶購到門票的聽眾們早已經將這座小巧的歌劇院擠得水洩不通，每一段詠嘆調結束時觀眾席總是爆發如雷的歡呼與掌聲，布拉格的觀眾們甚至在一段合唱結束時高喊了12次「自由萬歲」以呼應劇情！布拉格藉由《喬凡尼先生》一劇反射了百餘年來被長久壓抑的民族情感，也為十九世紀民族主義運動的怒吼發出了先聲！一直到1825年捷克語版出現之前，《喬凡尼先生》已經在布拉格上演了257次之多！可見捷克人對這部歌劇的鍾愛。不同於被統治的布拉格，維也納市民卻只是對《喬凡尼先生》報以稀稀疏疏的掌聲，也因此難怪莫札特會讚嘆道：「生我者父母；知我者布拉格也！」

莫札特後來又兩次造訪過布拉格，1789年他隨著李奇諾夫斯基王子前往柏林時路過布拉格，他們下榻在高級的金獨角獸飯店，巧的是十年後貝多芬也來此投宿，而這位李奇諾夫斯基王子也是貝多芬最早期的一位贊助者。1791年8月手頭緊迫的莫札特最後一次偕同妻子來到布拉格，他接受委託創作了一齣新歌劇《狄托王的仁慈》（*La clemenza di Tito*，KV.621）以迎接新任波希米亞國王雷歐波德二世來到布拉格舉行加冕

▼城邦歌劇院大門左側新豎立了一尊《喬凡尼先生》中的統領雕像。

典禮;同時他也在貝特蘭卡別墅完成了另外一部偉大的歌劇《魔笛》(*Die Zauberflöte*,*KV 620*),然而這也是他最後一部歌劇──莫札特將這部作品帶回維也納演出,但是在12月5日就因為急性的腎臟病而與世長辭,除了親人好友,維也納人幾乎無視於莫札特的亡故。莫札特的遺孀無力為他購買墓地,因此一代音樂大師的遺體就被運到聖馬克教堂的墓地和其他貧困的死者予以合葬!不同於維也納對莫札特的冷酷,布拉格的民眾們聚集在小城區的聖尼古拉教堂內為莫札特舉行了一場安魂彌撒,以紀念這位與布拉格彼此相愛的音樂天才!

■捷克國歌的催生者──城邦歌劇院

提供莫札特多次大顯身手的諾斯第切劇院,是一座新古典風格的建築物,在1799年改名為「城邦歌劇院」,它代表了捷克人藉由建立自己的歌劇院來擺脫文化上次等公民的地位,而且要重拾波希米亞中世紀榮光的高度企圖心!1948年

▲ 小城區聖尼古拉教堂的正面,屬於華麗的巴洛克式建築。

◄ 布拉格的民眾們在得知莫札特死訊之後,聚集在聖尼古拉教堂,為莫札特舉行了一場安魂彌撒。

▲捷克國歌作詞者堤勒。
▲堤勒的好友雪柯路普。

曾經改名為堤勒劇院（*Tylovo divadlo*）以紀念捷克著名的劇作家堤勒（*Josef Kajetán Tyl*，*1808~1856*），他也是目前捷克共和國國歌的作詞者。堤勒和作曲家好友雪柯路普（*František Škroup*，*1801~1862*）一起創作的喜劇《無怒也無爭》於1834年12月21在城邦歌劇院舉行首演，劇中有一段《我的家園在那裏？》，歌詞的前半段後來就被引用為捷克的國歌。

在二十世紀中，城邦歌劇院曾歷經了8年的整修之後才在1990年又重新開放，現在它隸屬於國家歌劇院，除了提供定期的歌劇和演奏會場地之外，劇院大門左側也豎立了一尊《喬凡尼先生》中的統領雕像，向往來的觀光客提醒當年莫札特就是在這裏舉行《喬凡尼先生》的首演！

■ 《阿瑪迪斯》的活舞台

1983年著名的捷克裔美國籍導演米洛許‧佛曼（*Miloš Forman*）將彼得‧雪佛（*Peter Shaffer*）的舞台劇加以改編成描述莫札特傳奇一生的電影《阿瑪迪斯》（*Amadeus*），全片大部份在布拉格以及摩拉維亞的克羅梅耶利胥取景，此外，美

捷克國歌

Kde domov můj？	我的家園在那裏？
Kde domov můj？	我的家園在那裏？
Voda hučí po lučinách，	草原邊溪澗淙淙流過，
bory šumí po skalinách，	山巖上森林颯颯低語，
v sadě skví se jara květ，	果園裏春花搖曳生姿，
zemský ráj to na pohled；	此地真的是天上人間；
a to je ta krásná země，	這是一座美麗的家園，
země česká，domov můj，	啊！捷克，我的家園，
země česká，domov můj。	啊！捷克，我的家園。

國片商更是租下了城邦歌劇院予以翻修整理以供拍攝電影裏的歌劇場景。《阿瑪迪斯》於1984年上演之後一舉囊括了包含「最佳影片」在內的8座奧斯卡金像獎，被《今日美國》報刊讚譽為「一部幾近完美的極致作品！」電影的光輝成就除了歸功於導演和演員們的演技之外，能重現十八世紀場景的布拉格市區也功不可沒，因為它仍保有各式各樣的完整建築外觀，布拉格擁有「活的建築博物館」稱譽也絕非浪得虛名！

另外還有一些有趣的小插曲在拍片的過程中發生，因為當時捷克還未恢復成為民主國家，共產黨隨時隨地都派遣秘密警察在監控人民的一舉一動。美國片商為了拍片而招募了許多捷克臨時演員，當然其中也混進了許多秘密警察，習慣於製造黑色幽默的捷克人於是想出一招來惡搞這群捷共秘密警察。他們選定在7月4日美國國慶日當天，等到所有的演員和工作人員都進入城邦歌劇院準備拍片時，在舞台上赫然懸掛起一面巨大的美國國旗，而且還響起美國的國歌，現場所有600多位捷克人也就跟著天真愛國的美國人一齊高聲詠唱，只剩下大約30位混進來當臨時演員的秘密警察手足無措、面面相覷！

拜高科技之賜，我們現在仍然能夠透過高畫質的影音媒體，欣賞《阿瑪迪斯》這一部值得再三回味的音樂電影；尤其在城邦歌劇院現場所拍攝的《喬凡尼先生》終場，統領石像是以「破牆而入」的方式登場，然後一步一步沉重地踩下台階。電影中以特寫鏡頭配合著低沉無比的腳步音效，成功地營

▲1983年，捷克裔美國籍導演米洛許‧佛曼將彼得‧雪佛的舞台劇加以改編成描述莫札特傳奇一生的電影《阿瑪迪斯》。

◀《阿瑪迪斯》至今仍為影評人所津津樂道，躋身全球經典名片之一。

001*112331*

DATUM	06.09.96
ČAS	19:00
MÍSTO	přízemí vpravo
	Don Giovanni
ŘADA	5
SEDADLO	14
	700,00 Kč

Stavovské divadlo

TISK VEGA

1. 城邦歌劇院入口處全景。
2. 欣賞《喬凡尼先生》的入場門票。
3. 電影《阿瑪迪斯》精采片段。

▼出生於德國的歌劇改革者
葛路克。

造出令人不寒而慄的氣氛，當喬凡尼先生對統領石像的道德勸說予以一一回絕之後，統領石像丟下了一句：「啊！你的大限已到」然後消失，隨之出現的是一群打扮成地獄惡魔的舞者們手持代表地獄之火的火炬圍繞著喬凡尼先生狂舞，最後喬凡尼先生掉入了裂開的地板，在哀號聲中被地獄之火所吞噬！導演米洛許・佛曼雖然改編了若干史實以期營造電影中的戲劇效果，但是在處理《喬凡尼先生》終場時卻依然遵照史實演出，因為莫札特當年在布拉格演出時就是以此場景作為終曲。後來他為了迎合維也納人的口味才又增加了一場眾人指責數落喬凡尼先生的歡喜大合唱以作為結束。

　　筆者有幸於1996年9月6日在城邦歌劇院現場欣賞莫札特《喬凡尼先生》這一部傳世名劇，想像當年莫札特就站在筆者座位前面數公尺處賣力地指揮演出，內心的興奮與感動當然也就不在話下。不過受限於安全的問題，當天代表地獄之火的舞者們改持螢光棒以代替火炬，飾演喬凡尼先生的男中音出來謝幕時身穿現代服裝與運動鞋，一邊謝幕一邊啃著手上的蘋果，一副玩世不恭的浪子寫照更是令人印象深刻，或許是編劇也想藉著《喬凡尼先生》來表達傳統與現代的衝突。

▉葛路克的歌劇改革

　　出生於德國的歌劇改革者葛路克（*Christoph Willibald von Gluck，1714~1787*），三歲時就舉家遷往波希米亞的新堡（*Nové Hrady*），然後又在候慕托夫（*Chomutov*）的耶穌會學校接受教育，學習宗教、拉丁文、小提琴、風琴、大鍵琴和歌唱等課程。他在1732年移居布拉格後，受到捷克藝文愛好者的贊助又開始學習大提琴。後來也前往義大利跟隨桑馬替尼（*Sammartini*）學習歌劇，婚後定居在維也納發展音樂事業。

　　葛路克針對當時所流行的歌劇型式進行改革，主張音樂要為戲劇服務，而且提出表現純樸以及簡化炫耀技巧的主張，以

追求戲劇的真實性。他將原來由大鍵琴伴奏的宣敘調改成管弦樂伴奏,藉此改變縮小宣敘調和詠嘆調的差距。他的經典代表作《奧菲歐與尤麗狄茜》(*Orfeo ed Euridice*)雖然在維也納首演時並未受到熱烈的歡迎,但是瑪麗亞‧德蕾西亞女王卻因為大受這部劇作的感動而對葛路克賞賜重金。

葛路克的改革為現代歌劇奠定基礎,他終其一生都以波希米亞人自居,義大利人還尊稱他為「卓越的波希米亞人」。

■ 將音樂民主化的貝多芬

被東方人尊奉為「樂聖」的貝多芬和波希米亞的情誼頗深,他的許多重要作品例如第三、五、六號交響曲以及編號第18號的六首弦樂四重奏都是題獻給羅布柯維茨王子(*Josef František Maxmilián z Lobkowicz*,*1772~1816*)。這位王子出身於波希米亞東北部的羅布柯維茨家族,他們這個家族從十四世紀傳承至今,除了是藝文的重要贊助者之外,也在捷克政府中擔任要職,例如Michal Lobkowicz曾經擔任過捷克共和國的國防部長長達13年之久!

▲ 羅布柯維茨王子是貝多芬的重要贊助者之一。

◀ 羅布柯維茨王子經常大方地將他在維也納的宅邸提供給貝多芬作為樂曲的演奏發表會場!

1808年，貝多芬因為卡塞爾皇家樂團願意提供給他較佳的薪俸，萌生了離開維也納的念頭，維也納的貴族圈極力慰留，並由他的高徒魯道夫大公發起聯署，為貝多芬提供一筆穩定的年金，好讓貝多芬得以專心地留在維也納創作音樂。三位贊助貝多芬的貴族分別是：魯道夫大公、金斯基公爵以及羅布柯維茨王子。

　　貝多芬本人曾經多次來到波希米亞舉行演奏會和渡假，1798年他在布拉格的大禮堂親自舉行了第一號C大調鋼琴協奏曲的首演。後來在1812年的夏天，貝多芬前往波希米亞第二大的溫泉渡假勝地特普利策。在這個渡假小鎮上，兩位互相仰慕已久的藝文界巨人見面了——德國文學泰斗歌德（*Johann Wolfgang von Goethe，1749~1832*）於7月15日首次和貝多芬在此地碰面，兩個人相談甚歡，多次聚會散步長談。歌德對貝多芬讚譽有加，在寫給妻子的信中提到：「我從未見到比貝多芬更充滿活力、誠摯與自我中心的藝術家，他對世界的態度是如此地不凡！」。

　　但是這段情誼並沒有維持很久，因為在一次散步時，他們遇到一群貴族迎面而來，貝多芬對歌德說：「挽著我的手臂，他們將會讓路給我們，而不是我們得讓路給他們」；本身是公職的歌德下意識地迴避到路邊向貴族們脫帽致敬，但是貝多芬卻依然昂首闊步穿越這群貴族。事後貝多芬向歌德說道：「我放慢腳步等你是因為尊敬你和你的作品，可是你未免太過抬舉這些貴族了！」在藝術家仍得仰賴貴族贊助才能生活下去的時代，貝多芬勇敢地以行動來表現自由平等的觀念，不只在他的作品當中一一體現，也讓他和波希米亞的情緣得以傳頌久遠！

▓開啟德國浪漫歌劇的韋伯

▲昂首穿越貴族的貝多芬（前）與退居一旁向貴族脫帽致敬歌德（左）。

莫札特的聯襟韋伯（*Carl Maria Friedrich Ernst von*

Weber，1786~1826）從小便隨著擔任劇團經理的父親巡迴各地演出，這不但讓他擁有見多識廣的童年，而且得以接觸不同風格的民謠音樂，為他往後的創作累積了豐富的資料。

　　韋伯於1813~1816年間在布拉格的城邦歌劇院擔任指揮，波西米亞的生活經驗提供給他後來創作《魔彈射手》（*Der Freischütz*）的靈感與題材。《魔彈射手》以三十年戰爭之後的波希米亞莊園為時空背景，故事描述一個為了迎娶護林官女兒而參加射擊比賽的青年，為了奪得冠軍以迎娶美嬌娘，不惜在壞獵人的慫恿之下進入人煙罕至的狼谷向魔鬼求取百發百中的魔彈，但是在射擊比賽上卻差點誤殺了自己的心上人。最後開創者青年向大家告白懺悔，在獲得護林官的寬恕之後順利娶得美嬌娘的一部喜歌劇。

　　韋伯花費三年的時間創作《魔彈射手》，在序曲中成功地營造出蓊鬱深邃的波希米亞森林，又以法國號來代表豪放不羈的獵人們，尤其劇中最著名的《獵人合唱》，至今和本劇序曲一直都是膾炙人口的經典曲目。韋伯繼莫札特之後成功地將德

▲ 德國浪漫派歌劇的開創者韋伯。

◀《魔彈射手》中狼谷練魔彈的場景。

▼「三重」無國籍的馬勒曾經預言他的作品受到重視的時代即將到來。

語和歌劇完美地結合，成為德國浪漫派歌劇的開創者，更深深地影響了華格納創作長篇史詩般的「樂劇」。

■ 「三重」無國籍的馬勒

在眾多音樂家當中，馬勒（*Gustav Mahler*，*1860~1911*）可以說是命運相當乖桀的一位。他出生於波希米亞的小村莊卡利雪帖，未滿週歲就舉家遷往伊赫拉瓦，這兩個地方當時都在奧地利哈布斯堡王朝的版圖內。在捷克完成中學的學業之後，馬勒考取了維也納音樂學院，從此展開了他的音樂事業，但由於他是猶太人，因此經常受到歧視。馬勒自己曾經說過：「我是一個『三重』無國籍的人！奧地利人說我出生在波希米亞，德國人說我是奧地利人，世界上的其他人則認定我是猶太人。不管哪一個地方都勉強地收容了我，可是卻沒有一個地方真正歡迎我！」

馬勒曾經在1882年擔任摩拉維亞大城歐洛慕茨劇院的季指揮，又在1885年向布拉格「皇家德國劇院」的新任經理紐曼（*Angelo Neumann*， *1838~1910*）毛遂自薦希望能夠擔任指揮一職，在試演過切魯比尼（*Luigi Cherubini*， *1760~1842*）的《兩天時間》（*Les deux journees*）之後，他獲得了一年期的聘書，而且後來紐曼對馬勒也相當地器重。

馬勒雖然承襲了自海頓、莫札特、貝多芬以下的德奧音樂體系，但是他作品的特殊之處則在於經常從波希米亞的事物取材。在他那編制與篇幅都極大的交響曲裏，我們實在不難發現滿溢其中的波希米亞風格；例如在第三號交響曲的第一樂章裏軍樂風的進行曲段落，很可能就是取材自幼年住在伊赫拉瓦時對於附近軍營的記憶；他的旋律受到波希米亞民謠風格的影響甚深，並且充滿了對於大自然以及田園的歌詠，在馬勒的第六號交響曲當中，他更是毫不遲疑地援用了大形牛鈴當作演奏的樂器。

綜觀馬勒的一生，確實是充滿了矛盾、衝突與無奈。例如，他身兼作曲家及指揮家，但是指揮的工作卻經常限制了作曲活動；他雖然以調性的作曲家自居，但是也曾經初步嘗試無調性音樂創作，而且還影響了後來的「維也納三人組」，就是荀伯格（*Arnold Schönberg，1874~1951*）、魏本（*Anton von Webern，1883~1945*）、貝爾格（*Alban Berg，1885~1935*）等三位現代樂派音樂家。因此馬勒雖然被守舊派視之為洪水猛獸，卻也被前衛派當做無可救藥的臭八股，身處世代交替的馬勒，只得無奈地承擔了雙重的時代責任。

馬勒不僅僅是一位作曲家，更是一位力倡革新的指揮大師，他的指揮理論與技巧至今仍然被許多指揮家奉為圭臬。馬勒曾經教導出兩位二十世紀的指揮大師——布魯諾・華爾特（*Bruno Walter，1876~1962*）以及奧圖・克倫培勒（*Otto Klemperer，1885~1973*），他們也努力地將恩師的音樂引介到美國和全球，甚至影響了好萊塢電影配樂的製作方式。

可能因為馬勒的猶太人身分，他的作品在十九世紀的歐洲長期被忽視，不過，對於自己的作品深具信心的馬勒曾經前瞻性地說出「別人擁有當代，然而我卻掌握了未來！」的豪語，而這句話果然在二十世紀中期得到了印證——馬勒的時代確實到來了！他的作品不僅紛紛被灌錄成全集，更成為許多指揮揚名國際的最佳舞台。

▲馬勒曾經教導出的二十世紀指揮大師之一布魯諾・華爾特。

▲馬勒教導的另一位指揮大師——奧圖・克倫培勒，他對馬勒的第二號與第四號交響曲著力頗深。

近代歐洲的音樂搖籃

宗教音樂、巴洛克音樂、古典樂派、國民樂
派……，在捷克，你可以盡情享用各式各樣的
音樂盛宴。

　　捷克對世界文化的眾多貢獻中，有一項跨越時空的產物，那就是
「音樂」！捷克的音樂隨著基督信仰傳入摩拉維亞和波希米亞而開始
發展，受到葛利果聖歌（*Gregorian chant*）的影響所及，布拉格的第一
任大主教阿諾許特（*Arnošt z Pardubic*，1297~1364）在1363年下令編
纂數冊《素歌集》。波希米亞的教會也允許很多以本土語言演唱的聖
歌，例如在卡爾四世的加冕典禮上演唱的古斯拉夫語聖歌《上帝憐憫
眾生》（*Hospodine，pomiluj ny*），同時期著名的捷克語聖歌還有《聖
瓦茨拉夫，捷克領土的大公》（*Svatý Václave，vévodo české země*）、
《全能的上帝》（*Bóh všemohúcí*）、《耶穌基督——
慷慨的王子》（*Jezu Kriste，sčedrý kněže*）等。

▲ 捷克愛樂的資深團員在團練休息
時對新秀們傳承經驗。

◀ 法國二月革命很快延燒至全歐，
但最後理想仍成泡影，史梅塔納
也因認同革命而被當局關切。

◀ 布拉格城堡區聖維特大教堂內魯
德納所裝設的管風琴。

■ 從古斯拉夫語版的聖歌開始

　　在十三、十四世紀間，為數可觀的日耳曼「愛情

歌手」（*Minnesänger*）紛紛前來波希米亞的宮廷演唱創作，例如Reinmar von Zwetter、Neidhardt von Reuenthal、Heinrich von Meissen等人，法國著名的詩人兼作曲家馬修（*Guillaume de Machaut*）也曾經在盧森堡王朝任職。

複音音樂大約在十三世紀末期出現在波希米亞地區，十四世紀時受到法國「新藝術」（*ars nova*）樂風的影響，複音音樂也開始在布拉格大學等知識份子的文化圈內流傳。捷克的音樂在胡斯戰爭期間因為戰亂的緣故而停滯發展，唯一顯著的成就是將葛利果聖歌翻譯成捷克語，以及因戰爭而衍生的許多軍歌，例如《奮起！奮起！偉大的布拉格城》（*Hospodine，pomiluj ny*）以及最著名的《上帝的戰士們》（*Ktožjsú Boží bojovníci*），這首名曲後來也被史梅塔納先後援用到歌劇《李布謝》的壯麗結尾和《塔波城》、《勃拉尼克山》這兩個樂章的主題中。

◼文藝復興時期：走向多元化

文藝復興時期受到耶穌會的影響，波希米亞地區增建了許多新的管風琴，也因此帶動了宗教音樂裏樂器運用的多元化，最著名的是1567年布拉格城堡區聖維特大教堂內由名師魯德納（*Jáchym Rudner*）所裝設的管風琴。

哈布斯堡家族的斐迪南一世大公除了在1555年將耶穌會教士引進布拉格之外，也成立了以兩部管風琴搭配歌者的宮廷樂團；他的兒子麥克西米連二世皇帝則對科學、藝術和音樂都非常重視，下令將宮廷樂團予以擴編，添增了許多樂器。波希米亞的宮廷樂團在魯道夫二世的主導之下更加地蓬勃發展，然而這些樂師和作曲家大部份都來自於荷蘭、西班牙、義大利和日

▲ 在胡斯戰爭的影響下所衍生的著名軍歌《上帝的戰士們》。

耳曼地區，捷克人並不多。此時宮廷樂團的指揮是來自荷蘭的菲利普（*Philippe de Monte，1521~1603*），他一共創作了40部彌撒曲、260首經文歌和宗教短歌，還有1100多首世俗歌曲，深深地影響了早期巴洛克的樂風；魯道夫二世的宮廷樂團還有一位波希米亞的音樂家溫察列克（*Jan Vencálek，1598~?*），擅長以魯特琴伴奏歌唱。

封邑位於波希米亞南部以切斯基庫倫洛夫為中心的羅森堡家族，除了掌握該地區的經濟實權之外，也極力贊助藝文活動。該家族的兩兄弟威廉（*Vilém z Rožmberka，1535~1592*）和彼得（*Petr Vok z Rožmberka，1539~1611*）也成立了一個室內樂團，企圖在藝文活動與建築上和魯道夫二世的宮廷一別苗頭。另外，十六世紀的捷克音樂史上還有一項重要的變化，那就是大量民謠歌曲的出現！

文藝復興時期波希米亞的音樂家可以克利雪多夫・哈蘭特（*Kryštof Harant z Polžic a Bezdružic，1564~1621*）為代表，他本身是魯道夫二世的廷臣，除了是一位傑出的外交人才之外，還從事寫作和音樂的創作；他更是一位人權主義者，在魯道夫二世去世之後投向新教的陣營以和遷回維也納的哈布斯堡政權相抗衡。在白山戰役爆發、波希米亞新教陣營潰敗之後，1621年6月21日他和其餘26名波希米亞領袖在布拉格舊城廣場上被殘酷地斬首。雖然他的創作大多隨著主人被處決而亡佚，所幸他根據義大利音樂家馬連吉歐所寫的彌撒曲以及少數的經文歌《*Maria Kron*》還流傳至今，其中所運用的作曲法十分地精妙，標示著文藝復興時期波希米亞的音樂成就。

■巴洛克時期的音樂代表──哲仁卡

馬蒂亞斯在1611年接收魯道夫二世的政權之後，也不顧布拉格方面的強烈抗議，逕行將首都再遷回維也納。既然馬蒂亞斯只有在盛大慶典時才會來到布拉格，因此十七世紀後

▲文藝復興時期波希米亞音樂家代表──克利雪多夫・哈蘭特。

半葉捷克音樂的發展也就轉由其他貴族所主導，其中以摩拉維亞的歐洛慕茨的樂風最為鼎盛，由兩任歐洛慕茨主教卡爾二世（*Karel II. z Lichtenštejna，1664~1695*）和許拉騰巴赫（*Wolfgang Cardinal Schrattenbach，1711~1738*）先後成立的樂團在巴洛克早期的捷克樂壇獨領風騷。

亞當・米赫納（*Adam Václav Michna z Otradovic，1600~1676*）是捷克早期巴洛克的音樂家，他在殷得利乎夫・賀拉迭策（*Jindřichův Hradec*）的耶穌會學校受教育，並在當地發跡。他的作品雖然以宗教音樂居多，但是歌曲中卻蘊含了獨特的詩意，這種特色在《捷克聖母頌》（*Česká mariánská muzyka*）、《捷克魯特琴》（*Loutna česká*）、《聖母音樂》（*Svatoroční muzyka*）等作品中表露無疑。

哲仁卡（*Jan Dismas Zelenka，1679~1745*）則無疑是巴洛克時期捷克音樂的代表人物，他創作了3齣神劇、21部彌撒以及許多的器樂曲，他為低音部樂器所寫的曲目尤其被公認是同時期音樂創作中最耀眼也最難演奏的作品；他的作品充滿了波希米亞的節奏，其中精妙的對位技巧與旋律的自由擴展使他贏得了包含巴赫、泰勒曼在內同時期音樂家們的一致推崇！

■古典樂派時期：歐洲的音樂學院

在哈布斯堡王朝貴族的統治之下，許多天生就喜愛音樂的捷克農奴們紛紛被培訓成專業的樂師，以便在各種場合中為貴族們演奏音樂。後來，這些樂師以及他們的後代也漸漸地向歐洲其他地區謀求發展，例如在日耳曼地區，有被曼海姆（*Mannheim*）宮廷所延聘的史塔密茨，以史塔密茨為首的「曼海姆樂派」，也為古典樂派的交響曲曲式奠定了堅實的基礎，而且這一項傳統又被海頓、莫札特、貝多芬等音樂家們所繼承，這三位大師更將交響曲發展到臻於至善的境界。另外還有法蘭堤謝克・邊達和奕志・安東尼・邊達這兩位波希米

1 2 3 / 4

1. 哲仁卡無疑是巴洛克時期捷克音樂的代表人物，圖為他所創作的《三重奏鳴曲》CD封面。
2. 被曼海姆宮廷所延聘的史塔密茨。
3. 英國的音樂史學家伯尼
4. 位於畫面右側第二位的法蘭堤謝克・邊達曾任職於腓特烈二世於波茨坦的宮廷，指導這位酷愛吹奏長笛的腓特列大王演奏以及作曲。

亞音樂家兄弟。法蘭堤謝克・邊達曾經任職於啟蒙時期普魯士王國的「哲學家國王」——腓特烈二世（*Friedrich II., der Große 1712~1786*）位於波茨坦的宮廷，指導這位酷愛吹奏長笛的腓特烈大王演奏以及作曲，而邊達音樂家族也影響了所謂的「柏林樂派」和德國北部的樂風，其家族成員至今遍佈歐洲與中南美洲等地，現在仍然音樂家輩出，實在是人類文化史上的一項奇蹟！

米思利維切克（*Josef Mysliveček，1737~1781*）以他的歌劇在義大利聲名大噪，他曾經在義大利的波隆那建議小莫札特前往布拉格發展音樂事業。

首開旅行演奏風氣的杜謝克（*Jan Ladislav Dušek，1760~1812*）率先將鋼琴斜放在演奏台上以便讓聽眾一窺他演奏時的神情，他和同鄉雷夏（*Antonín Rejcha，1770~1836*）的音樂在法國人放異彩，雷夏更為法國調教出了白遼士這位浪漫樂派的大師。

在奧地利則有莫札特的好友樊尼哈（*Jan Křtitel Vaňhal，1739~1813*），他創作了近百首的交響曲，並且致力於音樂教

育。米洽（*František Adam Míča*，*1746~1811*）則是以歌劇、交響曲和協奏曲而揚名維也納。

波西米亞的音樂家移民們為歐洲音樂的發展奠定了基礎，因此也被著名的英國音樂史學家伯尼（*Charles Burney*，*1726~1814*）讚譽為「歐洲的音樂學院」。

■史梅塔納和布拉格之春音樂節

隨著十九世紀歐洲民族主義運動的勃興，波西米亞地區漸漸在史學、文學和語言學上突顯出捷克民族的獨特性。例如，有「民族之父」美譽的歷史學者兼政治家帕拉斯基（*František Palacký*，*1798~1876*）以及文學史家榮曼（*Josef Jungmann*，*1773~1847*）；同一時期，波西米亞的藝術創作也積極和政治活動相結合，其中最著名的就是史梅塔納的民族史詩歌劇、交響詩以及慕夏的民族繪畫。

史梅塔納是一位「天才兒童型的素人音樂家」，西元1824年3月2日出生於波希米亞的小鎮麗托彌秀（*Litomyšl*）一個釀造啤酒的家庭，五歲的時候就能夠擔任四重奏裏的小提琴手，六歲時更是已經彈得一手好鋼琴，八歲開始作曲；他曾經說過：「我希望在作曲上能夠效法莫札特，演奏技巧能夠追上

▲ 鋼琴獨奏中的史梅塔納。
▲ 影響捷克樂風深遠的史梅塔納被尊奉為「民族音樂之父」。

▼ 1848年革命之後被燒燬的
房舍，左側緊臨伏拉塔瓦
河處即現在的史梅塔納紀
念館所在。

李斯特。」雖然史梅塔納是如此地聰穎早慧，但是他卻始終未曾進入過音樂學院，一直到19歲才開始接受系統化的樂理訓練。他曾經在寫給李斯特的信中提到，直到17歲，他都還分不清楚升C與降D的差別在那裏，對於和聲的原理法則更是一竅不通，然而他卻依然能夠樂思泉湧地不斷作曲。1848年史梅塔納在李斯特的贊助之下成立了自己的音樂學院。

西元1848年是歐洲所謂的「革命年」，由於先前全歐糧食的收成不佳，導致了各國的經濟危機，再加上各地壓抑已久的政治和社會問題，使得在法國爆發的「二月革命」如野火般地延燒，並迅速地遍及了全歐各地。1848年的革命雖然讓各地的革命份子獲得了初步的勝利，例如波希米亞和匈牙利都從奧地利執政常局爭取到了自治權，但是由於各地領導份子意見上的諸多歧異，使得保守勢力得以再度復辟，這一場革命對於自由與民主的訴求因此紛紛化成了泡影，而參與革命的人士也再度遭到了保守勢力的迫害。史梅塔納因為創作了《自由之歌》、《布拉格學生進行曲》等樂曲，並表態認同參加革命的愛國志士，而被奧地利當局「關切」了好一陣了，再加上喪女之痛，他索性在1856至1862年間遠走瑞典以避開這許多無謂的紛擾。待在瑞典期間，他除了擔任哥特堡（Göteborg）管弦樂團的指揮之外也兼任教職，而且在這段期間創作了大量的鋼琴曲和三首交響詩，分別是《理查三世》（Richard III.）、《華倫斯坦的軍營》、《哈孔伯爵》（Haakon Jarl）。

史梅塔納返回布拉格之後致力於創作捷克歌劇，這段期間他一共完成了九部歌劇，其中完成於1864年的《交易新娘》（Prodaná nevěsta）和1872年的《李布謝》一樣，至今仍然是十分受到歡迎的名劇。他參酌了許多波希米亞的傳統舞曲，然後再依此創作出新的旋律，使得《交易新娘》一劇充滿了活潑趣味、生氣盎然的音符；至於《李布謝》，除了基本架構在述說捷克建國的傳說故事之外，更重要的是劇中所一再強調的主題「愛」——李布謝以極大的愛和包容心，成功地化解了國內

1. 波西米亞的小鎮麗托彌秀是史梅塔納的故鄉。
2. 史梅塔納出生在鎮上的一家釀啤酒廠。
3. 就是在這座搖籃裏孕育出捷克民族音樂之父——史梅塔納。
4. 史梅塔納故居內的鋼琴。
5. 開抵麗托彌秀小鎮的雨節式鄉間火車。

▼伏拉塔瓦河畔的史梅塔納
　紀念館。

兩大陣營的敵對與仇恨，讓眾人能夠及時體悟愛與包容的真諦；《李布謝》也為史梅塔納隨後所創作的民族交響詩《我的祖國》奠下了基礎，劇中的許多主題後來在《我的祖國》中也都一一再度躍然於樂譜之間。

　　史梅塔納在1874年9月開始創作《我的祖國》，但是這時候和貝多芬一樣的命運試煉，竟然也發生在他的身上——史梅塔納耳聾了！不過史梅塔納卻也像貝多芬一樣，勇敢地面對這個殘酷的挑戰；他在寫給朋友的信中多次提到，每當他開始構思樂章的時候，耳疾的疼痛就會加劇，但是他卻能夠強忍住陣痛，逐一將腦中的樂思鋪陳在樂譜上。每當想到這種命運的無情試煉，總是令我們對藝術家執著於真、善、美的不朽精神感佩萬分。

　　終於，《我的祖國》在西元1879年3月完工了，整首樂曲由六段樂章所組成，前面四段主要在描寫捷克的歷史傳說與山川景色，後面兩段則是以胡斯戰爭為主題，發抒捷克的民族愛國心聲。然而，隨著病情的逐步惡化，史梅塔納漸漸失去了記憶力，病情後來甚至嚴重到令他無法言語。最後，他在西元1884年5月12日病逝於療養院內，除了捷克舉國哀悼之外，世人也非常婉惜失去了這一位波希米亞音樂的代言人。後人由於十分感念史梅塔納對於捷克文化的貢獻，不但在伏拉塔瓦河畔設立史梅塔納紀念館，捷克政府當局也從西元1946年開始舉行第一屆「布拉格之春音樂節」，並且選定以每年的5月12日史梅塔納逝世紀念日為音樂節的開幕日，大多是由

捷克愛樂管弦樂團演奏交響詩《我的祖國》為音樂節揭開序幕，音樂節為期大約三週，而且大都以貝多芬的e小調第九號交響曲《合唱》作為閉幕曲式。整個「布拉格之春音樂節」除了吸引外國音樂家前來捷克從事文化交流，並且彰顯捷克的民族音樂特色之外，更重要的是呼應席勒和貝多芬以藝術表現對全人類之愛與包容的普世價值觀。

■ 《我的祖國》六段交響詩簡介

第一樂章《高堡》（Vyšehrad）

高堡是位於布拉格市南方緊鄰伏拉塔瓦河的大岩石區，傳說中的李布謝公主就是偕同夫婿普列彌修在此建立起捷克這個國家。樂曲以豎琴象徵遊唱詩人的詩歌吟唱揭開序幕，遊唱詩人逐一述說種種在高堡發生的故事，接著由法國號和木管吹奏出象徵高堡光榮的主題，充滿張力的弦樂和緊湊的小號則描述騎士們在這裏揮劍比武的場景，然後出現抒情又略帶感傷的主題，似乎是在緬懷波希米亞光榮的過去，樂曲最後在溫柔、緩慢的嘆息聲中結束。史梅塔納逝世之後，捷克人民將他安葬在高堡的墓園區內，今日史梅塔納也和許多對於捷克文化具有貢獻的名人們一齊匯聚在這裏以供後人瞻仰。

第二樂章《伏拉塔瓦河》（Vltava）

這是整首交響詩中最常被挑選出來單獨演奏的樂章，不僅僅是因為它的優美旋律，更因為它那明顯的標題音樂風格，很容易就能引起聽眾們的共鳴，因此這個樂章甚至也被稱為所謂的「地型學音樂」。史梅塔納在一開始以長笛伴隨著弦樂器的撥弦，似乎讓我們聽到伏拉塔瓦河源頭的涓滴之聲，然後象徵著伏拉塔瓦河上游的兩條支流匯合，流過了森林和原野，也見證了鄉間正在舉行的歡喜婚禮；後來水中的精靈也出現在波光粼粼的河面上伴隨著月光起舞；接著緊湊的音符象徵著河道轉折與急流漩渦的波濤洶湧；隨後伏拉塔瓦河又恢復成了寬闊的河面，流經布拉格市區，仿佛向一旁歷史悠久的布拉格致

▲ 1990年的「布拉格之春音樂節」開幕音樂會深具歷史意義。

▲《我的祖國》第一版鋼琴
　譜封面由左至右：高堡、
　伏拉塔瓦河、夏爾卡、捷
　克的森林和原野、塔波
　城、勃拉尼克山。
▼伏拉塔瓦河上游流經被聯
　合國教科文組織選定為世
　界文化遺產、如詩如畫的
　切斯基庫倫諾夫鎮。

敬，最後寂靜的樂音則引導聽眾們的視覺，隨著伏拉塔瓦河消失在無垠的地平線上。

　　有趣的是，這個樂章的主題並不是採用捷克的民族旋律，而是史梅塔納避居瑞典時所聽到的當地民謠（*Ack Värmeland, Du Sköna*），因為這段旋律十分悠美，所以他決定將它引用為交響詩的主題。《伏拉塔瓦河》不僅在捷克國內深受喜愛，在全球的音樂會上更是經常被演奏的名曲，例如布拉格火車站廣播的前奏就是採用這段旋律。另一件與此旋律有關的故事是：1948年以色列建國時，就是改編《伏拉塔瓦河》的主題旋律，再填上伊姆貝爾（*Naphtali Herz Imber*，*1856~1909*）所寫的歌詞，由此完成以色列的國歌《希望曲》（*Hatikvah*）！

▲ 夏爾卡反抗男性高壓統治
的傳說。

第三樂章《夏爾卡》（Šárka）

　　這也是根據一段捷克的傳說故事所寫成的樂曲。故事提到一位名叫夏爾卡的女人率領其他的女性同胞反抗男性的高壓統治，她們避入峽谷中躲藏，並且以酒色迷昏了來犯的敵軍，最後這群娘子軍們在兵馬倥傯之際將敵人予以悉數殲滅。在這個樂章的後段必須讓豎笛的獨奏充分表現出女戰士們的複雜心境，而弦樂器群則必須將琴弓拉到底，以製造出娘子軍們準備從樹林中衝出時的樹葉沙沙作響聲。最後則是以短暫而且猛烈的樂音，表現出娘子軍們在敵眾慌亂當中盡殲敵軍的場景。

▲ 捷克的森林和原野。

第四樂章《捷克的森林和原野》（Z českých luhů a hájů）

　　史梅塔納自述這一段樂章是描述當一個人凝視著捷克的森林和原野時，心靈深處被這美麗的自然風景所勾起的無限感動，此時四周也彷彿充滿了歡樂與哀傷的樂章。豎笛和雙簧管吹奏出代表村姑的純樸歌聲，而溫暖的法國號和聲則代表波希米亞的蓊鬱森林，最後則以輕快的波卡舞曲伴隨原野的牧歌，描繪出一幅動人的田園景致。

▲ 25克朗鈔票上，領導胡斯
黨人在塔波城英勇作戰的
楊・吉胥卡。

第五樂章《塔波城》（Tábor）和第六樂章《勃拉尼克山》（Blaník）

　　兩段樂章在架構上是有連貫性的，兩個標題都是地名，也都是以十五世紀初期「胡斯戰爭」的歷史故事為主軸。塔波城在布拉格南方約75公里處，胡斯黨人以塔波城為根據地，多次擊退外敵而贏得光榮的勝利。胡斯黨人當時的軍歌《上帝的戰士們》也因此被史梅塔納援用到這兩個樂章的主題中。史梅塔納解釋第五樂章《塔波》意旨在表現胡斯黨人奮戰不懈的精神，因此整個樂章是以一首莊嚴的合唱為基調加以發展的。

▲ 「勃拉尼克山傳說」提到
聖瓦茨拉夫一世和一大群
愛國武士們的護國事蹟。

　　史梅塔納對《勃拉尼克山》這個樂章的詮釋為：「在勃拉尼克山中，聖瓦茨拉夫率領一大群英勇的愛國戰士們長眠在此。每當祖國遇到危難需要他們效力的時候，他們的不朽精神就會隨時甦醒為祖國奮戰，直到再一次獲得光榮的勝利。」因

1. 德弗乍克出生的故居，現在已經是紀念館。

2. 在德弗乍克出生故居旁的餐館所享用的捷克馬鈴薯煎餅餐。

3. 德弗乍克出生在波西米亞盆地一個名叫內拉霍捷伏斯的小村莊。

此第五樂章和終樂章只短暫地休息一個小節，樂團隨即再度強力地演奏出戰歌，隨著樂曲張力的漸漸轉弱來表現愛國戰士們退入了勃拉尼克山，然後雙簧管和法國號吹出詳和的牧歌藉以勾勒出勃拉尼克寧靜的山景。緊接著一小段狂暴的風格顯示祖國捷克再度遭受到侵擾，最後胡斯黨人的軍歌再度以雄壯的進行曲風格出現，樂曲也伴隨著第一樂章《高堡》的光榮主題，邁向了光輝燦爛的結束。

■ 從豬肉砧走向指揮台的德弗乍克

說到捷克著名的音樂家——安東尼・德弗乍克，大家可能會有既熟悉又陌生的感覺，因為學校的音樂課本裏曾提到過他，但要說出他有哪些作品，一時之間又記不起來，這時候，只要提及《念故鄉》這首歌，大家就會像想起老朋友似的說：「啊！原來就是他！」《念故鄉》這首歌謠是從德弗乍克的e小調第九號交響曲《來自新世界》第二樂章裏所節錄出來的旋律。至於他的其他作品，諸如擷取大量民間素材所完成的斯拉夫舞曲、歌劇、協奏曲及序曲等等，至今也都是音樂會上常見的曲目，並經常被用來當成各種廣告媒體的背景音樂！

這一位領有合格肉販執照、外貌又長得像補鍋匠似的音樂天才——德弗乍克，其創作生涯與藝術上的成就，恰好代表著十九世紀歐洲上層菁英文化從民間鄉土大眾文化吸收題材與養份，並且將這些素材轉變成主流文化，和他從豬肉砧走向指揮台的身分轉變，正好形成一組強烈的對比。

德弗乍克於1841年9月8日出生在波西米亞盆地、位於布拉格北方約30公里左右的一個名叫內拉霍捷伏斯（Nelahozeves）的小村莊。德弗乍克的父親經營一家肉舖兼營旅館，父親和兩位伯父都是愛樂者，其中二伯父約瑟夫（Josef）是當地著名的小號手，而他的父親法蘭堤謝克（František Dvořák, 1814~1994）則擅長演奏齊特琴

（*Zither*）。德弗乍克自幼就沉浸在具有悠久音樂傳統與鄉村純樸的環境中，這些外在的因素也深深地影響了他未來創作的方向與內涵。

　　德弗乍克6歲時進入村內的小學就讀，因為當時鄉村學校的教師大多兼任教堂司琴的職務，所以德弗乍克得以接受老師的啟蒙和學習小提琴，不久之後就開始在父親所經營的旅館以及教堂裏演奏。德弗乍克的父親原本執意身為長子的他必須繼承家業，但是在當時的環境，要學會肉販的本事和取得執照必須先懂德文，所以在13歲那一年，德弗乍克轉往茲洛尼策跟隨該村莊的樂長黎曼學習德文與小、中提琴以及鍵盤樂器的演奏法與和聲學。黎曼和德弗乍克的舅舅，強力勸說德弗乍克的父親讓他走上習樂之路；由於德弗乍克發育較為遲緩，外貌贏弱，似乎難以接下肉舖兼營旅館的家業。雖然他已經領有肉販的執照，但是父親最後終於答應讓他前往布拉格風琴學院，正式展開了他的音樂家生涯。

　　德弗乍克在布拉格的生活可以用「勤工儉學」來形容，而且一畢業之後隨即以中提琴手的身份加入康札克樂團以維持生計。這個樂團就是後來在1881年落成、專門為捷克人上演歌劇與戲劇的國家劇院前身。德弗乍克在1871年辭去該樂團的職務，轉而開始密集地創作。1873年，他以哈雷克（*V. Hálek*）的愛國詩為歌詞創作聲樂曲《白山的繼承者》，在布拉格首演之後一砲而紅，奠立了他在捷克樂壇的地位。

■布拉姆斯的提攜讓他揚名國際

　　1875年，他以交響曲和若干室內樂作品向奧地利政府申請青年藝術家國家獎勵金。當時擔任評審委員的音樂家布拉姆斯（*Johannes Brahms*，*1833~1897*）和樂評家漢斯力克（*Eduard Hanslick*，*1825~1904*）非常欣賞德弗乍克的音樂才華，特准連續頒發五年獎金，使得他能夠衣食無虞，更加專心於創作，也使得這兩位音樂大師的情誼傳為樂壇佳話。布拉姆斯更熱心地將德弗乍克引介給出版商吉姆洛克，1878年，德弗乍克接受出版商建議而創作的8首《斯拉夫舞曲第一集》深獲好評。《斯拉夫舞曲第一集》採擷了諸如史科其納、弗立安、蘇

▲ 德弗乍克是一位領有合格肉販執照、外貌又長得像位補鍋匠似的音樂天才。
◀ 德弗乍克著名的e小調第九號交響曲《來自新世界》手稿的扉頁。

塞茲卡等波希米亞鄉間所流傳的舞曲旋律，充分展現出斯拉夫民族奔放的活力與熱情；原為鄉村農民之間所流傳的舞曲，經由德弗乍克的巧思安排，一舉躍上了代表菁英文化的音樂會曲目，更開啟了德弗乍克邁向國際舞台的第一步。

1886年，德弗乍克再接再勵地出版了《斯拉夫舞曲第二集》，此時他已經成為史梅塔納去世之後，國際間所一致推崇的捷克音樂代言人了。1888年，他結識了來到布拉格訪問的柴可夫斯基並且與其成為好友，隨後還受邀於1890年訪問莫斯科與聖彼得堡，同年他也當選了捷克科學藝術院的院士。德弗乍克的政治傾向雖然沒有像前輩史梅塔納那麼鮮明地高舉民族意識，但是他卻堅決地以捷克人為榮，當他的樂譜出版商將他的名字印成德語化的Anton Dvorak時，馬上引起他的抗議並且還大吵了一架。

在經濟情況好轉之後，德弗乍克於1884年在布拉格西南方約60公里處普利布蘭礦城邊的維蘇卡村（*Vysoká u Příbrami*）購置了兩棟別墅，實現他多年來的鄉間生活願望，除了冬天回到布拉格和受邀前往美國之外，他都待在這裏，享受寧靜的作曲生活並以餵養鴿子為最大的娛樂。

德弗乍克於1892年秋天，接受紐約「美國國立音樂院」創立者莎芭女士（*Jeannette Thurber，1850~1946*）的聘請，跨海前往美國擔任該院的院長，藉以提昇美國的音樂水準。旅美期間，他親身體會到截然不同於歐洲的文化衝擊，美國的環境引發了他對黑人靈歌與印第安原住民音樂的強烈興趣，再加上他在愛阿華州的捷克移民村（*Spillville*）避暑時，思鄉的情緒更激起他創作的無限靈感，於是陸續完成了e小調第9號交響曲《來自新世界》、F大調第12號弦樂四重奏《美國》以及b小調大提琴協奏曲等膾炙人口的傳世傑作。

有關於e小調第九號交響曲《來自新世界》的創作過程，

▼ 紐約「美國國立音樂院」的創立者莎芭女士，於1892年聘請德弗乍克前往美國擔任該院院長。

II
Andante
Largo
a2
Bass u. Tuba
Des - As
Andante
Largo
M. M. (𝅗𝅥 = 52)
con sordini
con sordini
con sordini
ppp

德弗乍克《來自新世界》手稿的第二樂章《念故鄉》。

德弗乍克曾經表示,他是直接汲取美國民謠的精神做為此曲的創作架構;紐約這個雄偉又極具活力的大都會所帶給他的文化衝擊,則在第一、四樂章充滿張力的音符間表露無遺;而第二樂章,也就是國人所熟悉的《念故鄉》旋律所出自之處。德弗乍克說他是經由閱讀美國詩人隆菲洛(*Henry Wadsworth Longfellow*,*1807~1882*)所著描寫印第安英雄神話史詩的《海華沙之歌》(*The song of Hiawatha*)而獲得的靈感。

■■為捷克作育音樂人才

　　德弗乍克返回捷克之後於1900年開始創作他的名歌劇《魯莎卡》(*Rusalka*),在這部類似美人魚公主抒情童話般的歌劇中,他充分融合了大自然的景物與劇中人物的性格特徵,以高雅溫柔的旋律貫穿全劇,尤其劇中水仙女魯莎卡所詠唱的愛情之歌更是成為許多女高音所鍾愛的演唱曲目!

　　1901年德弗乍克被任命為布拉格音樂院的院長,並且為捷克的樂壇培養出兩位出色的音樂家──諾瓦克(*Vitězslav Novák*,*1870~1949*)和約瑟夫·蘇克(*Josef Suk*,*1874~1935*),蘇克後來更成為他的女婿,而他的孫子也就是德弗乍克的外曾孫名字也叫作約瑟夫·蘇克(*Josef Suk*,

▲《魯莎卡》是一部類似美人魚公主抒情童話般的歌劇,劇中水仙女所詠唱的愛情之歌是許多女高音所鍾愛的演唱曲目!

◀德弗乍克之孫指著親戚約瑟夫·蘇克的海報。蘇克是捷克著名的小提琴家,他擁有「捷克國家藝術家」的榮銜。

▼ 楊納傑克一生致力於發揚
祖國音樂文化，他的許多
作品均融合傳統的摩拉維
亞地方民謠旋律，並結合
極具現代感的風格。

1929~2011），是一位聞名國際的小提琴大師，為捷克的
Supraphon唱片公司灌錄了許多經典名盤！

　　在國民樂派的諸位大音樂家裏，德弗乍克作品中的民族主
義色彩雖然並不那麼鮮明，但是他往往能夠根據自己所繼承的
波希米亞傳統，再加以吸收因緣際會所接觸到的不同文化，巧
妙地融合各式各樣的庶民文化，創作出日後成為菁英文化主流
的瑰寶。真是令人不得不對他感到佩服與敬仰，也更要感謝他
為人類文化所做出的重要貢獻！

■融合傳統與現代的楊納傑克

　　楊納傑克（*Leoš Janáček*，*1854~1928*）出生在摩拉維亞，
父親是一位鄉間的教師。他於1865年在布爾諾聖湯瑪士教堂擔
任合唱團的一員，並且負責演奏管風琴，1874年就以音樂教師
的身份來到布拉格管風琴學校進修學習，後來又結識了德弗乍
克。在1879~1890年間，他還陸續前往萊比錫和維也納等地進
修，並於1881年回到布爾諾擔任剛成立的管風琴學校校長。

　　1904年楊納傑克從師範音樂教師一職退休並且發表了著名
的歌劇《養女——顏奴花》（*Její pastorkyňa*，*Jenůfa*），分別
於1916年和1918年在布拉格和維也納上演時造成轟動，現在也
成為全球歌劇院裏的經典戲碼。1924年所發表的《狡猾的小母
狐》（*Příhody lišky Bystroušky*），則是以民間故事為題材，蘊
含自然界生息循環的定律，也潛藏了他的哲學觀。

　　接下來，他在1926年完成了兩部重要的作品——他將《小
交響曲》（*Sinfonietta*）題獻給捷克斯洛伐克共和國的軍隊，
對剛成立於1918年的新國家表達禮讚。開頭明亮歡愉的《信號
曲》中號角聲代表著新國家成立的喜悅，隨後的《史匹柏城
堡》、《皇后修道院》、《通往城堡的街道》三段樂章則描述
捷克被殖民統治期間的晦暗歷程，然而終樂章《市政大廳》又

🚃 楊納傑克紀念館

離布爾諾火車站雖然不遠,但是並非每天開放購票參觀,欲前往的愛樂者請留意。

再度恢復了燦爛歡愉的曲風,標誌著捷克民族的心靈之美與新國家的新希望!另外一部《捷克語彌撒》(*Glagolská mše*)則是根據九世紀的古老斯拉夫彌撒經文所創作的,他特別著重在捷克母語的音韻和樂曲節奏的密切搭配。

楊納傑克一生致力於發揚祖國的音樂文化,他長年收集故鄉的民謠,在他的許多作品當中,都融合了傳統的摩拉維亞地方民謠旋律,並且結合極具現代感的音樂風格,成為二十世紀初期相當獨特的捷克音樂。當您有空造訪布爾諾城時,千萬不要忘記參訪**楊納傑克紀念館**,裏面除了依舊保持當年的家具陳設之外,還有楊納傑克的手稿以及歌劇海報等珍貴館藏的陳列展出,非常值得愛樂者前往一遊!

■音樂傳承的榮光──捷克愛樂管弦樂團

捷克愛樂管弦樂團的成立要追溯到西元1896年,原本隸屬於布拉格民族劇院樂團的團員們,因為不滿繁重的演出任務和微薄的福利而展開罷工,該次抗爭讓樂團得以使用「捷克愛樂管弦樂團」之名不再受到束縛地舉行音樂演奏。在1896年1月4日由德弗乍克親自指揮自己的作品,揭開捷克愛樂首演的序幕,也譜寫了捷克愛樂光榮的音樂傳統。樂團在西元1901年完

全擺脫布拉格民族劇院的種種限制,成為真正以演奏交響樂為唯一任務的管弦樂團。由於佔盡了先天上的優勢,捷克愛樂管弦樂團對於詮釋史梅塔納和德弗乍克等捷克音樂家們的作品早已駕輕就熟,並先後和葛利格、理察‧史特勞斯等音樂家合作演出他們的作品,更讓捷克愛樂管弦樂團迅速地成長為國際級的一流樂團。就連馬勒也在西元1908年來到布拉格和捷克愛樂管弦樂團首演他的《第七號交響曲》。

●捷克愛樂之父──塔利赫(*Václav Talich*,1883~1961)

塔利赫在布拉格音樂學院時就以優異的小提琴家身份而展露頭角,21歲時任職於柏林愛樂,協助首席指揮──尼基許(*Arthur Nikisch*),也因為受到尼基許的影響才決定以指揮為職志。1908~1912年間他擔任斯洛凡尼亞愛樂的首席指揮,在第一次大戰爆發之前,他也有幸能夠在萊比錫跟隨李格(*Max Reger*)和尼基許學習。受到第一次大戰的影響,1915~1918年期間,他一方面在著名的捷克四重奏(*Czech Quartet*)演奏,另一方面也從事小提琴的教學工作。1918年第一次世界大戰結束之後,在諸多海內外愛國志士的奔走努力之下,波西米亞、摩拉維亞、斯洛伐克等地區終於得以獨立建國成立了「捷克斯洛伐克共和國」。不久之後,塔利赫受聘成為捷克愛樂的常任指揮,隨即在1920年升任為首席指揮。

塔利赫為當時的捷克愛樂規劃了三大發展主軸:一是提昇演奏的水準,其次為健全財務的基礎,讓團員能專心於團務,第三則是建立一套基本的演出曲目。捷克愛樂在他的帶領之下,展開歐洲各大都市的巡迴演奏會,此舉除了讓他們的實力受到世人的肯定,也更進一步奠定了捷克愛樂管弦樂團成為捷克音樂代言者的不朽地位。而許多國際級的演奏大師,例如鋼琴家魯賓斯坦和大提琴家卡薩爾斯等人也都紛紛與捷克愛樂管弦樂團共締佳績,在兩次世界大戰間的承平時期,捷克愛樂管弦樂團已成為國際著名的一流樂團。因此塔利赫被後人尊稱為「捷克愛樂之父」,算是實至名歸!

塔利赫從1935年起又兼任國家劇院的總監，後來為了專注心力在布拉格國家劇院的指揮工作，才於1941年辭去職務，交棒給年輕的指揮拉菲爾‧庫貝利克。塔利赫因為在納粹佔領期間曾經為納粹演奏過，所以曾在二次大戰終戰後被逐出了國家劇院，後來雖然獲得平反，但是卻備受限制，因此移居到斯洛伐克的首府布拉第斯拉瓦，他親自籌組了斯洛伐克愛樂，並且在短時間內讓這支新樂團提昇成歐洲名團之一。

1953年，塔利赫又回到布拉格指揮布拉格廣播合奏團，他在1954年退休時曾經再次和捷克愛樂灌錄了《我的祖國》交響詩。拜高科技所賜，2006年Supraphon唱片公司重新以數位混音的方式發行了這張CD，讓我們今天得以能夠領會塔利赫的指揮藝術，也可以欣賞到捷克愛樂成立半個世紀之後的精湛功力。塔利赫通常在首次排練時會先讓團員了解整首樂曲的架構，接著藉由系統性的不斷排練，讓樂團達到他心中所想要的音色和樂思。大家可以發現，塔利赫指揮下的捷克愛樂呈現出飽滿優雅的音色，弦樂部尤其充滿了無窮的活力。

● 拉菲爾‧庫貝利克（*Rafael Kubelik，1914~1996*）

拉菲爾‧庫貝利克是捷克著名小提琴家楊‧庫貝利克的兒子，自幼在父親的教導之下，年紀很輕就展露出不凡的成就；他在20歲時便首次指揮捷克愛樂，隨後也曾經率團前往比利時和英國訪問演出。1942年他剛滿28歲，隨即接替塔利赫的重任，成為捷克愛樂音樂總監。

西元1938年所簽訂的《慕尼黑協定》，致使捷克被英、法兩國當成對納粹德國綏靖政策的犧牲品，納粹德國也因此大舉入侵，並且併吞了捷克。在二次大戰期間，熱愛自由民主的庫貝利克屢次拒絕與納粹合作，卻贏得了捷克人民的尊崇。

1945年二次大戰結束，當年10月份捷克愛樂管弦樂團正式成為第一個國家級的樂團，緊接著在1946年正式開辦的「布拉

魯道夫宮

於十九世紀建造的新文藝復興式建築，也是捷克愛樂管絃樂團目前的根據地。搭電車17、18或地鐵綠線，至Staroměstská站，或在舊城廣場沿Kaprova街步行約500公尺即可抵達。

```
 1      6
 2
 3
 4
 5
```

1. 馬勒曾在西元1908年來到布拉格，和捷克愛樂管絃樂團首演他的《第七號交響曲》。
2. 被後人尊稱為「捷克愛樂之父」的塔利赫。
3. 捷克著名小提琴家——楊·庫貝利克與其子拉菲爾·庫貝利克。
4. 拉菲爾·庫貝利克28歲時擔任捷克愛樂音樂總監。
5. 拉菲爾·庫貝利克在布拉格市政廳內的史梅塔納大廳指揮。
6. 捷克愛樂在魯道夫宮的德弗乍克廳演出馬勒《第六號交響曲》。

格之春音樂節」也恰逢捷克愛樂的五十週年團慶，所以就由捷克愛樂主導這場音樂盛會。

但是在1948年2月，共產黨全面掌控了捷克，庫貝利克這次選擇流亡海外，並且誓言除非捷克再度恢復自由民主，否則他將永遠不再返回祖國。這場漫長的等待一直持續到1989年，捷克發生「天鵝絨革命」，共產黨政權垮台，反對極權運動的領導人之一——詩人瓦茨拉夫·哈維爾（*Václav Havel*）被推選為捷克共和國總統，領導捷克人民再次走向獨立自由民主的社會。1990年的「布拉格之春音樂節」捷克愛樂邀請流亡國外42年的老指揮拉菲爾·庫貝利克返回他摯愛的祖國，指揮闊別四十餘年的捷克愛樂子弟兵，共同演出這一場劃時代的1990年「布拉格之春音樂節」開幕音樂會。

西元1990年的「布拉格之春音樂節」，在捷克的歷史上具有深刻的時代意義，因為這是共產黨政權垮台之後，捷克再度走向自由民主國家的第一次「布拉格之春音樂節」。此外，這場音樂盛會是由離鄉大國多年的指揮大師，帶領闊別了四十多年的捷克愛樂子弟兵們，所演出的一場活力十足又感人熱淚的音樂會。

開幕演奏會是在布拉格市政廳二樓的「史梅塔納演奏廳」舉行，演奏廳是為了紀念史梅塔納對捷克音樂文化的貢獻而以他命名的，市政廳內的各型壁畫則是由捷克近代的著名畫家慕夏等諸位大師所繪製的民族史詩。在這樣的時空背景之中，想必所有參與者都會被周圍的景物所感染，而對捷克文化發出無比的敬仰與讚嘆。

樂團首先演奏了史梅塔納歌劇《李布謝》的序曲，伴隨著全場起立的聽眾，一齊鼓掌歡迎詩人總統哈維爾夫婦進入舞台左上方的包廂內。緊接著響起了由雪柯路普所寫作的捷克國歌《我的家園在那裏？》，此時全場聽眾們的臉上莫不展露著

被音樂所感動而激發出來的民族自信心。每一次觀賞到這段畫面，總是令人思緒澎湃、熱淚盈眶，也為我們的捷克友人們感到無比的驕傲與歡欣。當時的捷克斯洛伐克共和國尚未因1993年斯洛伐克的獨立而分成兩個政體，所以當時的國歌是兩段式的，後半段曲風迥異而且充滿了斯拉夫舞曲風格的樂章就是後來的斯洛伐克共和國國歌。現在這首曲子已不再屬於捷克共和國的一部分，而這也是為何這場演奏會處處充滿歷史見證，值得人人收藏的原因之一。

大家在欣賞了離鄉四十多年的大師指揮捷克愛樂子弟兵們的真摯演出之後，內心所獲得的感動和對捷克文化的崇敬也必定會油然而生。庫貝利克因為捷克共產黨的垮台，總算如願回到魂牽夢繫的祖國，並且再度擔綱指揮演出布拉格之春音樂節；接受訪談時，一向溫文儒雅的他神情激動地談到：「為什麼捷克這麼一顆純真的心靈，卻竟然要委曲地為別人所編造的謊言去賣命呢？從1948年共產黨開始掌權以來就一直是如此，而且捷克民族過去的命運也十分地悲慘坎坷。但是從現在開始，請大家要相信捷克的未來將會充滿和諧、倫理、道德和力量！」細心的觀眾會發現：在音樂會接近尾聲時，原本一直全神貫注於樂團演出的指揮家，此時突然將目光瞥向了哈維爾總統所坐的包廂方向，想必他對捷克的新生代是寄予厚望的，正如他一生所傳承發揚捷克文化的堅定信念，布拉格之春將會帶領著捷克，走出悲情、邁向新生！

▲ 拉菲爾·庫貝利克在1990年「布拉格之春音樂節」開幕音樂會的演出。

▲ 《1990年布拉格之春開幕演奏會》與《布拉格之春音樂節與六位指揮》等DVD影視呈現，就算未親臨現場，也能身歷其境地領受大師風采。

這場值得紀念的演奏會不但有CD錄音，在台灣還有發行現場演奏和排練過程的兩張DVD，國人除了可以透過影視的雙重欣賞，領受到一股重生的喜悅，更可以像捷克愛樂團員一般親身體會大師的風采。庫貝利克的個性溫文儒雅，他不

▼ 2004年筆者將「1990年布
拉格之春音樂節」開幕音
樂會DVD當面致贈給哈維
爾總統。

是靠威嚇咆哮團員讓樂團達到他的要求，而是不厭其煩地將
內心的想法清晰地傳達給每一位團員，引導、激勵團員演奏
出完整的音樂理念，就好像一個大家庭在久違的老長輩指揮
下，愉快又興奮地各盡其職、發揮所長，演出這一場紀念音
樂會。

●安捷爾（*Karel Ančerl, 1908~1973*）

　　庫貝利克流亡海外之後，曾經由紐曼和雪伊納（*Karel
Šejna*）短暫地帶領捷克愛樂，一直到1950年才由塔利赫的高
足安捷爾接任首席。安捷爾實質地讓捷克愛樂成為世界知名
的樂團，1959年他曾經帶領樂團出訪澳大利亞、紐西蘭、中
國、日本和印度巡迴演出達三個月之久，1965年和1967年則
分別率團到美國和加拿大演出。

　　安捷爾不但擴大了捷克愛樂演奏的曲目，並且灌錄了很多
獲得大獎的經典錄音，例如1947年版的史特拉汶斯基《伊底
帕斯王》就榮獲法國ACC唱片大獎、1963年版史梅塔納《我
的祖國》也榮獲法國唱片人獎等等。安捷爾的指揮特色綜合
了精準與詳盡，能夠統合樂曲的完整架構與細微複雜感情，
並且以一種淺顯易懂的肢體語言讓樂團展現出宏觀的音響與
樂思。

　　和庫貝利克的流亡經驗相似，安捷爾在
1968年以蘇聯為首的華沙公約組織粗暴地入
侵捷克斯洛伐克鎮壓「布拉格之春」改革運
動之後，憤而決定離開祖國。他入籍加拿大
並且擔任多倫多交響樂團總監，1973年於加
拿大終老。

●紐曼（*Václav Neumann，1920~1995*）

　　紐曼於1968年遞補安捷爾的樂團總監職
務，1920年他出生於布拉格的音樂世家，在

1.捷克愛樂管弦樂團的團址——魯道夫宮。
2.魯道夫宮正前方有德弗乍克的雕像以紀念1896年
　1月4日由德弗乍克親自指揮自己的作品，揭開了
　捷克愛樂首演的序幕。
3.魯道夫宮一景，演奏會之前不妨提早到魯道夫宮
　參觀建築和團史室。

1.安捷爾。
2.紐曼曾組立聞名於世的「史梅塔納四重奏」。
3.紐曼和捷克愛樂合作。
4.馬超大師從2003年開始接任捷克愛樂總監。

布拉格音樂學院修習Josef Micka的小提琴課程,同時也師從Metod Doležil和Pavel Dědeček學習指揮;隨後在1941年組立了後來聞名於世的「史梅塔納四重奏」,他擔任小提琴和中提琴,1948年因為庫貝利克生病而暫代登台指揮捷克愛樂。

紐曼在正式接掌捷克愛樂前,已指揮過卡洛維瓦利國家樂團、布拉格交響樂團、布拉格愛樂、柏林喜歌劇院、萊比錫布商大廈管弦樂團等樂團,累積相當的指揮功力與國際歷練。而且他和庫貝利克、安捷爾一樣,都反對高壓專制的政權。1968年「布拉格之春」改革運動被武力鎮壓後,他辭去萊比錫布商大 管弦樂團總監一職以示抗議;1989年「天鵝絨革命」期間更和哈維爾一齊領導文化界,和平推翻了捷克共產政權,音樂家和詩人再次聯手抵抗專制強權,締造了捷克的新未來。

提琴家出身的紐曼,非常著重弦樂部的細膩度與歌唱性,在他們所灌錄的德弗乍克、馬勒、馬替奴交響曲全集當中不難發現這些特質,至今仍為全球愛樂同好們所津津樂道。紐曼和捷克愛樂一起合作過25年之久,1993年9月13日,捷克愛樂特別頒贈了「終身榮譽指揮」的榮銜給他,以感謝紐曼對於捷克愛樂與推廣捷克音樂的貢獻。

● **1990年9月30日之後**

紐曼在1990年9月30日卸任之後,捷克愛樂又歷經了貝洛赫拉維克(*Jiři Bělohlávek,1990~92*)、阿布雷希特(*Gerd Albrecht,1993~96*)、瓦列克(*Vladimír Válek,1996~98*)、阿胥肯納吉(*Vladimír Ashkenazy,1998~2003*)等著名指揮家。馬超(*Zdeněk Mácal,2003~07*)從2003年開始接任總監,因為他曾經在2006年受到日本富士電視台的邀請在日劇《交響情人夢》電視劇中客串指揮大師一角,因此廣泛地被年輕族群所接納與喜愛,許多年輕人和從未接觸過古典音樂的朋友們都因為這齣日劇而開始喜愛上古典音樂,而一起演出的捷克愛樂也在亞洲地區衝高了知名度。

1. 貝洛赫拉維克。

2. 筆者將1990年「布拉格之春音樂節」開幕音樂會DVD贈送給捷克愛樂的經理塞德拉柯瓦博士（右二）和團務秘書長安東尼（左一），這張DVD也進入館史室成為館藏！

3. 捷克愛樂管弦樂團的團史室一景。

4. 團史室內的陳列品——英國維多利亞女王送給楊・庫貝利克的袖扣和他的左手模型。

5. 筆者和馬超大師共進晚餐時，他一直說要來我的活力文化咖啡館喝咖啡。

6. 團練休息時馬超大師和女高音交換心得。

7. 魯道夫宮屬於新文藝復興式的建築。

貝洛赫拉維克於2010年12月又受聘回任捷克愛樂總監，他早年學習大提琴，從布拉格音樂學院畢業之後曾經接受指揮大師——切利比達凱（*Sergiu Celibidache，1912~96*）指導過兩年，1993年創立了布拉格愛樂（*Prague Philharmonia*）管弦樂團並且於2004年帶領該團參加了英國BBC逍遙音樂節的演出，1995~2000年期間他也一直擔任BBC交響樂團的首席客座指揮。近年來他和捷克愛樂管弦樂團一起攜手灌錄了德弗乍克的交響曲與協奏曲全集等許多捷克的經典名盤。

捷克愛樂管絃樂團的團址從1946年起便設在伏拉塔瓦河畔的**魯道夫宮**（*Rudolfinum*）內，樂團固定在這裏的德弗乍克廳舉行音樂會，但是有時候也會在市政廳二樓的史梅塔納演奏廳內演出。建議有機會來此欣賞音樂會的訪客們提早抵達，因為除了可以充分欣賞建築之外，還可以參觀團史室，裏面依照時間順序詳細地陳列了大量捷克愛樂的相關文物。

捷克國家復興運動與產業的振興

Chapter
12

除了溫泉、啤酒、方糖以及汽車,最令捷克人
感到驕傲的,還有貝赫洛夫卡藥草酒和摩瑟水
晶玻璃。

哈布斯堡的約瑟夫二世皇帝雖然主張「開明專制」但是卻也力行
「中央集權」,因此反而激起了捷克人的「地方」觀念,許多學者為
了舉證捷克獨立自主的輝煌過去,開始更加積極地研究考證捷克的歷
史,為十九世紀風起雲湧的民族主義運動提供了登場的大舞台!

在反啟蒙的浪漫主義重視「感性」與「靈性」、強調「個體」和
「特質」的思潮影響之下,波希米亞和摩拉維亞也興起了所謂的「捷
克國家復興」運動,這股風潮從十八世紀末期便蓬勃發展,一直持續
到二十世紀初捷克再次獨立建國為止,大致上可以分
成三個階段:

▲ 南波希米亞的霍拉修維策村至今
仍保留完整的「民俗巴洛克式」
建築(捷克觀光局提供)。

◀ 帕拉斯基不僅是捷克國家復興運
動之父,同時也是現代捷克史料
學的奠基者。

◀ 有如童話仙境般的胡波卡城堡。

■ 第一階段:語言和文化的復興

三十年宗教戰爭之後,哈布斯堡家族開始以高壓手

1
2
3
4

1.史、哲學家帕拉斯基。
2.印在郵票上的史、哲學家
　多布洛夫斯基肖像。
3.語言學家榮曼。
4.榮曼廣場上的榮曼雕像。

段統治捷克，德語成為官方和上層社會所通用的語言，甚至造成部份捷克人的「日耳曼化」，捷克母語反而遭到禁制，變成鄉下農奴們之間的語言；十八世紀末捷克的知識份子們在史、哲學家多布洛夫斯基（*Josef Dobrovský，1753~1829*）和語言學家榮曼的帶領下，開始致力於振興捷克母語的工程。

多布洛夫斯基於1792年發表捷克語的文史專書，1818年他更聯合史坦貝克公爵（*hrabě Kašpar Maria Šternberk，1761~1838*）、榮曼以及帕拉斯基等人在布拉格新城區的瓦茨拉夫廣場上設立「國家博物館」，此地在1830年之後更成為捷克民族復興運動的發源地。

語言學家榮曼認為捷克文豐富的語彙足以詮釋任何世界經典的文學作品，所以他曾經翻譯莫里哀、莎士比亞、伏爾泰、歌德和席勒等人的作品，其中最受好評的是夏鐸布里昂的《*Atala*》和米爾頓的《失樂園》；榮曼也相繼在1820年和1825年出版第一本捷克語教材《*Slovesnost*》以及《捷克文學史》，他更衷心期待捷克文也能像法文或德文一樣在知識份子之間廣泛地流通使用，因此參閱了大量中古與巴洛克時期的文字詞彙，在1834至1839年間編纂了五大冊的《捷德字典》，至今仍然是重要的工具書！後人為了感念他對捷克語文復興的貢獻，特別在布拉格的榮曼廣場為他豎立起一座雕像。

由多布洛夫斯基和榮曼所共同推動的捷克語復興運動，很快地在低階神職人員以及城市的中產階級之間流傳開來，逐漸風行草偃地感染到上層社會，這也是捷克在國家成型的過程當中一直保有民主本質的原因所在！

●對捷克國家復興運動影響最深遠的帕拉斯基
史、哲學家帕拉斯基出生於摩拉維亞一個深具「合一弟兄會」傳統的富農家庭，他在1823年前往布拉格，接受多布洛夫斯基的指導研讀胡斯時期的歷史，多布洛夫斯基還引介他和同

🚂 布拉格國家博物館

經過多年的發展，現在的布拉格國家博物館包括三大部門：一座收藏許多珍貴中世紀手抄本的圖書館，二樓展示史前文物、現代歷史以及捷克民間的傳統文物，三樓則是動物學和古生物學的展覽館。館內有一道通往萬神殿的華麗階梯，萬神殿的圓形拱頂則分別以四件捷克歷史上的大事件做為壁畫裝飾。

樣熱愛捷克歷史的史坦貝克公爵兄弟認識，帕拉斯基在1825年為史坦貝克公爵主編《波希米亞博物館期刊》，1829年正式被政府任命為史官，主編波希米亞史。後來終於在1836~1867年間，窮畢生之精力編著完成了《波希米亞和摩拉維亞的捷克史》。

拿破崙於1806年擊敗了普魯士，一方面佔領日耳曼各邦國，同時還解散神聖羅馬帝國，致使日耳曼地區的民族意識開始在反法國啟蒙思潮的氛圍下成長茁壯，而許多日耳曼愛國學者例如赫德、菲希特等人的學說，也間接地影響了捷克人。帕拉斯基早年研究胡斯的反抗運動史，他提出：「判定一個民族的價值，在於它是否對人類文化的進步有所貢獻，而不在於它是否擁有廣土或者眾民！胡斯的宗教改革以及後來的反抗運動，代表著西方文明邁向自由和民主的起點。因此捷克雖然是一個小邦國，但是為了進步的理想而敢於和帝國與教廷的強大勢力相對抗，由此可以證明捷克是一個擁有崇高情操與地位的民族！」帕拉斯基藉此賦予「捷克國家復興」運動在哲學上的正當性與必要性。

當1848年「二月革命」的浪潮從法國襲捲到哈布斯堡的奧地利帝國境內時，帕拉斯基邀集帝國境內的斯拉夫民族代表於布拉格召開「泛斯拉夫會議」，主張在奧地利的主導下組成一個包含八個自治邦國的聯邦體制；奧國政府也在1848年7月召開制憲會議，通過一部和帕拉斯基主張相符合的憲草。但繼任的法蘭茲・約瑟夫一世皇帝聽從保守派內政部長亞歷山大・巴赫男爵（*Baron Alexander von Bach，1813~1893*）的意見，宣佈解散制憲會議，再度走回帝國中央集權的專制體制，捷克透過溫和方式重建邦國的希望因此落空。

1859年的義大利獨立戰爭使得奧地利帝國在義大利的勢力

被削弱殆盡,法蘭茲‧約瑟夫一世皇帝迫於國內外的政治劣勢而取消了中央集權的專制體制。帕拉斯基和他的女婿李格因此順勢成立了「捷克國家黨」(又稱為「老捷克黨」),希望能夠爭取奧地利帝國聯邦體制的實現。但是法蘭茲‧約瑟夫一世皇帝在1861年又再度恢復中央集權,「老捷克黨」的希望也又一次地幻滅!

●自己的國家,自己的劇院──布拉格國家劇院

　　布拉格國家劇院的興建落成彰顯了捷克國家意識抬頭的具體表現,從十七世紀末以來捷克人就希望擁有一座屬於他們「自己的」劇院,1849年捷克人決定興建一座國家級的歌劇院,由吉帖克(Josef von Zitek,1832~1909)擔任設計師,構築這座新文藝復興式的歌劇院,並開始向全國各地募集籌建的經費,直到1868年才湊足經費開始動工。這座國家劇院的興建成為捷克民族意識凝聚的具體象徵,1868年5月16日包含帕拉斯基和當代民族復興運動的代表人物以及上萬名工人,在這塊伏拉塔瓦河邊原本是製鹽廠的基地上舉行了動工典禮,來自波希米亞和摩拉維亞各個具有歷史紀念地區的石

塊被當作基石，帕拉斯基擺放第一塊來自李普山的石塊，象徵傳說中捷克的始祖切赫帶領部眾來到此地建立家園。

可惜這座劇院在1881年正式啟用之後沒過多久就發生了火災，但是捷克人民並不氣餒，在短短兩個月的期間又湊足了修復所需的資金，修復的工程改由吉帖克的學生舒茲（*Josef Schulz*）負責。舒茲將一樓改採浮雕設計，其他樓層則引用科林斯式壁柱設計，最高處則是拱形的屋頂，劇院緊臨著國家大道的正面則以阿波羅和九位祭司的雕像做為裝飾。1883年11月18日重新開幕時上演了史梅塔納的愛國歷史傳說歌劇《李布謝》，1977~1983年間，布拉格國家劇院曾經進行為期6年的大整修，1983年11月18日再度開幕時距離上次剛好屆滿一百年，劇院也特別安排再次上演《李布謝》。

致力以繪畫藝術紀錄捷克歷史的慕夏，當然也不會錯過這個題材，《斯拉夫史詩》裡有一幅描繪「捷克國家復興」運動的作品，這幅畫以《椴樹下的誓約》為標題，因為椴樹是捷克民族的象徵，因此被選定為「國樹」；畫面中一群年青人圍繞著發光的椴樹宣誓對國家效忠，椴樹上坐著「斯拉夫之母」象徵凝聚國人的共識。有趣的是，慕夏還把自己的女兒和兒子一起放進了這幅畫當中——畫面左側彈奏豎琴的女孩以女兒雅

🚂 胡波卡城堡

　　座落於森林密佈的山丘之頂，不但是捷克保存得最完整的城堡，同時擁有「最美麗的城堡」之稱譽。從České Budějovice搭乘巴士，車程約50分鐘，在Hluboká n. Vlt.,, pod kostelem MHD站下車；到站後往山坡上爬，首先會看到一座教堂，順著路牌再走約10分鐘，即可到達城堡的山腳下。

▲ 排除萬難領導捷克和斯洛伐克建立新興的獨立國家的馬薩里克博士。

▶ 南波希米亞的新哥德式建築，可以切斯凱‧布迭優維茨附近伏拉塔瓦河畔的胡波卡城堡為代表作，其大門門把以許瓦岑貝爾族的家徽作造型。

洛斯拉娃（*Jaroslava*）、右側望著女孩的男孩則是以兒子奕志（*Jiří*）當作模特兒。

　　伴隨著國家意識的抬頭，表現在捷克鄉間的建築也出現了所謂的「民俗巴洛克式」風格，今天我們在南波希米亞的霍拉修維策村中可以看到完整的「民俗巴洛克式」建築保留區；另外就是貴族們的「新哥德式」建築，則以切斯凱‧布迭優維茨（*České Budějovice*）附近伏拉塔瓦河畔的**胡波卡城堡**（*Hluboká n. Vlt.*）為代表作。

▋第二階段：政治抗爭期

　　1866年在普奧戰爭中落敗的奧地利被迫退出德意志邦聯，奧地利帝國為了穩定局面，安撫強大匈牙利貴族們藉此提出更多政治權利的要求，於是在1867年宣告「奧匈雙元帝國」成立。但是波希米亞和帝國境內其他16個小邦的政治地位卻無法像匈牙利一樣獲得提昇，它們繼續被維也納當局高壓地統治著，因此由克拉馬什（*Karel Kramář, 1860~1937*）所領導的「年輕捷克黨」便改採積極的手段來爭取捷克的政治地位。馬薩里克博士（*Tomáš Garrigue Masaryk，1850~1937*）此時也開始展露頭角，他和各個斯拉夫民族的重要領導人都保持著密切聯繫，並且充分運用他和美國、法國政界的良好關係，終於在第一次世界大戰後奧匈雙元帝國土崩瓦解之際，排除萬難領導捷克和斯洛伐克建立起新興的獨立國家！

▋第三階段：產業經濟的解放與振興

　　十八世紀中葉在捷克所興起的紡織與玻璃加工產業主要集中在捷克和奧地利的邊界地區，而且被操控在講德語的捷克實業家手中。但是隨著產業的興衰轉換，十九世紀捷克的產業轉移到了麵粉、啤酒、煉糖等食品加工產業上，而且改由集中在捷克內地操持捷克母語的實業家們所主導。1891年布拉格舉辦

▼1842年波希米亞皮耳森的
Plzeňský Prazdroj啤酒廠推
出了清涼爽口的「黃金啤
酒」，改變了全球的啤酒
消費口味與習慣。

▼波希米亞扎特策地區的啤
酒花。

了全國工業展，參展的廠商幾乎全由講捷克語的實業家們所包辦，這顯示了捷克在工業和經濟上已經能夠獨立自主，不需要再仰人鼻息了！

●清涼爽口的啤酒革命

　　1842年波希米亞皮耳森的Plzeňský Prazdroj啤酒廠推出了清涼爽口的「黃金啤酒」，從此改變了全球的啤酒消費口味與習慣，可謂是一場啤酒革命！

　　其實捷克的啤酒工業是後來居上的，在此之前歐洲所風行的是英國式的「上層發酵啤酒」，這種釀造啤酒的方式已經有兩千年以上的歷史了；因為發酵溫度在攝氏22度的時候，酵母會浮到麥汁的上層，因此才有了這個稱呼。上層發酵啤酒在裝瓶之前必須再加進醣類以進行第二次發酵，這種方式所釀成啤酒的保存期限可以長達十幾年，但是這種傳統的釀製方式風險極高，因為在常溫之下半成品很容易受到細菌污染而導致酸敗，以當時的科技水準實在無法穩定地管控品質，只好多加些啤酒花，藉著啤酒花的苦味來掩蓋酸敗所產生的異味。

　　在歐洲內陸如德國的拜昂和波希米亞等冬季嚴寒、夏季悶熱的地區，啤酒釀造業者根據長久以來所累積的經驗法則，發現在冬季所封釀的啤酒不但成功率很高而且風味會特別濃郁，因此拜昂的啤酒釀造業者大約從十五世紀開始就將剛釀好的啤酒堆放在人工挖掘的洞穴內，和冬天從河川所鋸下來的冰塊存放在一起，等到下一次冬天封釀期來臨之前再行取出供人飲用。啤酒發酵的溫度如果在攝氏0~4度之間，發酵完畢之後必須先以低溫儲藏，去除了殘餘的酵母之後才能封裝出廠，保存期限頂多2年，這種方式就稱為「底層發酵啤酒」或者「貯藏式啤酒」。

　　基於外在環境的限制，波希米亞皮耳森的啤酒業者們決定採用「底層發酵」方式來發展啤酒產業。他們在1839年合資建

立了市民釀酒廠（*Plzeňský Prazdroj*啤酒廠的前身），還從拜昂的慕尼黑邀聘了釀酒師傅葛羅（*Josef Groll，1813~1887*）前來指導。他們採用波希米亞所生產的麥芽和扎特策地區的啤酒花，再搭配皮耳森當地的水以及來自慕尼黑的酵母，準備生產「底層發酵啤酒」。令人意外的是，當皮耳森的釀酒業者們打開剛熟成完畢的啤酒桶時，奇蹟發生了！原本他們所預期應該像慕尼黑啤酒一樣具有深沉顏色的成品，竟然像琥珀一般，金黃透明地呈現在業者面前，而且這種啤酒的口感一點也不同於原來的厚重沉郁，反而變得非常地清新爽口，讓周圍嘗鮮的人都讚不絕口。

　　1842年10月4日皮耳森啤酒正式在聖馬丁市場銷售，但是它成功的秘密卻一直到50年之後才公諸於世，原因就在於皮耳森當地極軟的水質和波希米亞所生產的獨特啤酒花。皮耳森啤酒問世之後大受歡迎，人們開始瘋狂地喜愛上了這種清澈透明的黃金啤酒，當時同樣屬於「底層發酵式」的啤酒依照產地可以分成慕尼黑、皮耳森和維也納三大系統，可是到了第一次世界大戰結束之後，維也納啤酒也隨著奧匈帝國走入了歷史；慕尼黑啤酒則是固守版圖成為德國的地方風味的啤酒；只有皮耳森啤酒躍上了國際舞台一直風光至今！雖然現在全球各地的啤

▲ 遠從慕尼黑前來的釀酒大師葛羅。

◀ 波希米亞皮耳森的啤酒業者們在1839年合資建立了「市民釀酒廠」。

🚂 Plzeňský Prazdroj啤酒廠

　　布拉格每天都有許多班次列車直達皮耳森，啤酒廠在皮耳森火車站北方約三百公尺左右，徒步即可抵達。為了因應大量的觀光潮，啤酒廠每天都接受訪客申請入內參觀；廠內還設立了一間非常大的餐廳，可以同時容納許多來賓用餐。

酒廠都具有軟化水質的設備與能力，但是波希米亞扎特策地區所生產的獨特啤酒花卻依然使捷克的啤酒產業以及平均每人的啤酒消耗量獨步全球！

　　皮耳森的Plzeňsý Prazdroj啤酒廠為了因應大量的觀光潮，每天都接受訪客申請入廠內參觀。宏偉的大門是1892年時為了紀念創業50週年所興建的。參觀者可以先在視聽簡報室觀賞簡介短片，隨即跟著導覽員一一參觀過去的匝木桶室、運輸啤酒的蒸氣火車頭、釀酒師傅所使用的方型大鐵鍋、新式的廠房和生產線，當然壓軸的節目就在地窖的參觀行程——在低溫高溼的地窖裏大家可以看到許多巨大的發酵用木桶以及存放冰塊的大洞穴，行程最後還可以品嚐剛釀好的啤酒，令人回味無窮。筆者曾經於2006年以捷克國家之友的身份獨自造訪這裡，廠方特別安排經理室的Vladislava Boudová小姐擔任導覽員逐站詳細解說，最後還在地窖聽取釀酒大師的多年工作心得，他們說目前Plzeňský Praždroj啤酒廠依然堅守製程的「12法則」：「以濃度12%的原麥汁封釀12小時、發酵12天、熟成12週，以及最重要的——能讓消費者一次喝下12杯！」實在感謝他們的熱心，也讓人對他們的敬業精神十分地佩服！

●跨海訴訟的「百威」（*Budweiser Budvar*）

另外一個也是以啤酒聞名的捷克城市，是位於波希米亞南部的切斯凱・布迭優維茨，這座城市是在之前提過著名的「鐵金國王」歐塔卡二世時代所設立的，它的釀啤酒歷史也是從那時開始。哈布斯堡家族的斐迪南一世大公下令將該地所釀的啤酒指定為皇家御用酒，因此以德語發音的「Budweiser啤酒」也就開始遠近馳名；直到1895年，當地一家Budějovický Budvar啤酒廠也推出「底層發酵式」的啤酒，就採用以德語發音的地名，將產品命名為「*Budweiser Budvar*」而聲名大噪。

然而在同時期，一位德國的移民安懷瑟（*Eberhard Anheuser*）在美國的密蘇里州買下了一間酒廠，後來由他的女婿布希（*Adolphus Busch*）繼承家業，在1875年正式成立了安懷瑟-布希啤酒公司（*Anheuser Busch Brewing Company*）；當時由於市場上流行著美式的皮耳森啤酒，布希就引用「百威」Budweiser為自家產品的商標，時至今日也成為國際知名的品牌。但是一場有關「百威」的商標訴訟也就從二十世紀初開始在捷克和美國之間隔海開打。在第一次雙方達成的協議中，捷克的「百威」啤酒不會銷往美國，而美國安懷瑟——布希啤酒公司的「百威」啤酒也不會賣到歐洲地區以保持互不侵犯市場。但是美國安懷瑟——布希啤酒公司後來將市場拓展到

1.捷克全國都看得到貝羅卡草本酒的蹤影。

2.各式各樣的貝羅卡草本酒。

3.貝羅卡草本酒歷年來的包裝變化。

4.懸掛在溫泉區河上的貝羅卡草本酒廣告。

5.嚴格的品質管制讓捷克的水晶玻璃產業獨步全球。

6.哈維爾總統也曾經親臨摩瑟水晶玻璃工廠操作如何吹製玻璃。

中南美洲和亞洲，當然想繼續向歐洲市場進軍，所以又再度和捷克方面談判。這時候的捷克Budweiser Budvar已經是國營企業，交涉並不容易，捷克政府礙於國家傳統和民間的反對聲浪，依然堅拒美國安懷瑟—布希啤酒公司的要求！

●溫泉鄉裡的新產業——草本酒和水晶玻璃

捷克最著名的渡假療養溫泉區卡洛維瓦利溫泉鎮在哈布斯堡家族統治期間，一舉躍昇為歐洲最有名的渡假勝地。除了以溫泉療養渡假為主的觀光業之外，該地在十九世紀又先後出現了兩項至今依然讓捷克人感到驕傲的產業，分別是設立於1807年的貝羅卡（*Becherovka*）草本酒和1857年的摩瑟（*Moser*）水晶玻璃。

貝羅卡是一種健胃整腸的草本酒，創立者約瑟夫・貝赫（*Josef Becher*）本身在鎮上配藥執業；這種獨特的藥草酒是他根據陪伴僱主來此地渡假的英國醫師Frobrig的配方所研發出來的，成份包含了大茴香、肉桂等大約32種藥草，酒精濃度高達38%。剛上市時被當作腸胃藥，後來普遍受到捷克人的喜愛，紛紛拿來當作餐前的開胃酒或者是餐後飲用藉以消食療

1
2
3

1. 貝羅卡是一種健胃整腸的草本酒，是由約瑟夫・貝赫研發創造。
2. 貝羅卡草本酒創立時所使用的測量器具。
3. 參加貝羅卡草本酒解說團可以進入工廠內參觀部份製作流程。

▼ 波希米亞的猶太人路德維·摩瑟在卡洛維瓦利溫泉鎮上創設了一座摩瑟水晶玻璃工廠。

▼ 波希米亞匠師以巧手代代傳承,生產了許多精美的水晶玻璃器皿或建材。

▲ 2006年摩瑟獲選成為捷克水晶玻璃產業的首席,代表捷克繼續向世人閃耀波希米亞的水晶玻璃藝術。

脹。雖然鄰國的業者們也想盡辦法要抄襲這種風味獨特又具有保健消化系統的草本酒,可是都未能成功!在消費者對飲料口味多元化的潮流之下,貝羅卡草本酒又成功地打入了調酒的市場,讓人們在暢飲杯中物時也能夠兼顧胃腸的保健。不只是在卡洛維瓦利溫泉鎮,在捷克全國的每家超市、店舖甚至於書報攤上幾乎都可以發現貝赫洛夫卡藥草酒的蹤影,把它和啤酒一起稱為捷克的國民飲料應該是實至名歸吧!

　　波希米亞自古以來對於玻璃加工業就一直居於領先的地位,捷克人在玻璃礦砂加入氧化鉛,當玻璃中的鉛含量達到24%時,玻璃就會達到像水晶一般地透徹澄淨,而且硬度也會相對地提高,可供切磋琢磨。波希米亞的匠師們就以巧手,代代傳承生產了許多精美的水晶玻璃器皿或建材。

　　波希米亞的猶太人路德維·摩瑟(Ludwig Moser)最初在卡洛維瓦利溫泉鎮上開設了一座水晶玻璃的加工坊,因為他們的雕工十分精美,逐漸在眾多同業當中脫穎而出,在二十世紀初他們更成為奧地利和英國等歐洲王室的指定供應商。2006年摩瑟獲選成為捷克水晶玻璃產業的首席,代表捷克繼續向世人閃耀波希米亞的水晶玻璃藝術。

●有趣的方糖革命

捷克還有一項有趣的革新紀錄發生在砂糖的產業上，因為早期的砂糖都是以條狀或圓錐狀當作銷售的成品，但是在取用上卻非常不方便，必須使用銳利的刀子加以切割取用，因此消費者經常飽受割傷之苦。住在捷克南部褡切策的拉德（*Jakub Kryštof Rad*，*1799~1871*）遂於1843年創新了砂糖的封裝方式，他的發明就是大家所熟悉的「方糖」。從此之後，使用者可以免除許多麻煩，方便又優雅地取用砂糖！現在褡切策當地還豎立著這個「方糖革命」的紀念碑。

●愛「拈花惹草」的基因工程之父——門德爾

被尊稱為「基因工程之父」的門德爾神父（*Gregor Johann Mendel*，*1822~1884*）出生於石雷茨科地區海恩吉策（*Hynčice*）的 個德語家庭，他在1840年進入歐洛慕茨哲學院，但是因為家貧不得已輟學而轉到布爾諾的奧占斯丁會聖湯瑪士修道院研修神學，並且在1847年正式擔任神職。1851~1853年他曾經再到維也納大學研讀數學、理化、動物學和植物學之後才又返回聖湯瑪士修道院。

門德爾神父大約從1856年到1863年之間，在聖湯瑪士修道院進行了8年的豌豆雜交實驗。因為自花授粉所孕育出的豌豆植株高矮比例是3:1，但是門德爾神父以人工授粉的方式，取樣高矮各一的豌豆品種進行雜交，卻獲得了只產生高植株的種子；他的實驗結論是每一豌豆植株都具有兩個決定高度性狀的因子，高因子是顯性，而矮因子是隱性，因此雜交之後的第一代植株全部都變成高的，當這一代植株再經過自花受精之後，將以3:1的比例生出高與矮的植株。

他在1865年的布爾諾自然科學研究協會上發表了研究成果，後來又在1866年的論文當中提出了遺傳因子、顯性性狀、隱性性狀等重要概念，並且詳細說明遺傳的規律，此一定律便因此被稱之為「門德爾定律」。可是門德爾神

▲ 豎立在褡切策的方糖革命紀念碑。

🚃 **聖湯瑪士修道院**
從布爾諾火車站前搭
1號路面電車在門德爾廣場
站（Mendlovo náměstí）下
車即可抵達。

父的重大發現卻一直到1900年才由荷蘭的弗里斯（*Hugo Marie de Vries*，*1848~1935*）、德國的科倫斯（*Carl Erich Correns*，*1864~1933*）和奧地利的切爾馬克（*Erich von Tschermak~Seysenegg*，*1871~1964*）等3位植物學家通過各自的研究予以驗證，成為近代遺傳學的基礎。

今天當我們走訪布爾諾奧古斯丁會**聖湯瑪士修道院**時，可以到修道院旁的門德爾神父紀念館入內參觀，您將會看到當年他所使用的各項研究設備與儀器，館方還製做了精美生動的動畫投影片，讓大家了解「門德爾定律」與基因工程學的發展史。參觀結束之後，千萬不要匆匆離開，不妨逛逛門外那一片花圃，這裡正是當年門德爾神父栽種豌豆的地方，也就是在這一塊方寸之地，發展出了與你我日常生活關係密切的基因工程！

NaN

●從腳踏車到重工業的雪科達（*Škoda*）集團

　　捷克最著名的重工業代表雪科達集團，是由艾彌爾‧雪科達（*Emil Škoda，1839~1900*）於1869年在皮耳森所創立，它曾經在第一次世界大戰期間成為奧匈帝國最重要的軍火工廠，從機槍到戰車都曾經生產過。1925年時又合併了在馬拉達波列斯拉夫（*Mladá Boleslav*）原本以製造腳踏車起家的Laurin & Klement汽車廠，開始製造民生工業的汽車，但是在第二次世界大戰期間又被納粹德國逼迫生產軍火。

　　我們現在所熟悉的雪科達汽車總部設在馬拉達波列斯拉夫，透過提供員工無息的購屋貸款、贊助當地之足球曲棍球等俱樂部及文化活動、還自行興辦汽車職業學校，讓工廠和當地社區充分結合成一體。今日的雪科達汽車已經不只是捷克國民汽車的代表，也行銷到全球各地，為這個百年的國家品牌再次打響名號。

```
1   5
  3   6
2
4
```

1.聖湯瑪士修道院。
2.被尊稱為「基因工程之父」的門德爾神父。
3.門德爾神父紀念館門口的那一片花圃，就是當年神父栽種豌豆的地方。
4.門德爾神父紀念館內可以看到當年他所使用的各項研究設備與儀器。
5.雪科達集團是捷克最著名的重工業代表。
6.雪科達集團的2011年後的新商標。

馬薩里克老爹、好兵帥克、健身愛國的鳥協會

Chapter 13

一次大戰時，哈謝克在布拉格一間旅館的住宿
登記簿國籍欄寫下「俄羅斯」，並附註「前來
刺探奧國參謀本部的活動」。

為捷克斯洛伐克共和國催生的馬薩里克博士，出生在摩拉維亞的
霍多寧（*Hodonín*）鎮，父親是一名摩拉維亞的馬車夫，母親來自斯洛
伐克一個講德語的小鎮，因此他從小就習慣於使用多種語言。

■ 差點去當鐵匠的國父

馬薩里克（*Tomáš Masaryk，1850~1937*）的父親原本希望他能夠繼
承馬車伕的工作、或者去當一名鐵匠來維持家計，但是在母親的堅持
之下，他很幸運地走上了一條和故鄉同儕們截然不同
的求學之路。馬薩里克小的時候，曾經親眼目睹村民
為了搶食貴族們所吃剩的殘羹剩餚而大打出手的震撼
畫面，從那時候開始，他便立志要改變這種不公平的
社會現象，並深深期待著，有朝一日自己的同胞們也
能夠過著衣食無虞而且有尊嚴的生活！

▲ 捷克的國樹──椴樹。
◀《好兵帥克》的精采插畫，是哈
謝克的好友約瑟夫‧拉達配合小
說在報紙連載所繪製的作品，共
約540幅。
◀ 在捷克的各大城小鎮都可以發現
「隼運動協會」的蹤跡。

▼ 布拉格城堡大門前的馬薩
里克博士銅像。

馬薩里克在布爾諾就讀中學並且勤工儉學地兼了幾份家教，但是自幼痛恨權威的他經常為了奧地利帝國對於捷克民族的種種不平等待遇與限制而和校方起衝突。後來在一位學生家長的贊助之下，他得以前往維也納就讀大學。在維也納大學就讀期間，他接觸到英、美等國的歷史文化和民主自由理念，深深地影響了他的人生觀；後來他又前往德國萊比錫大學遊學一年，並且認識了從美國紐約來此旅遊的夏洛蒂葛利歌（ *Charlotte Garrigue* ）小姐，兩人都十分欣賞對方的博學與坦率真誠。馬薩里克後來在1878年遠渡重洋到紐約迎娶了葛利歌，為了與太太信守兩性平等的理念，也將太太的姓氏加入他的名字而成了Tomáš Garrigue Masaryk！1882年馬薩里克帶著太太返回捷克，擔任布拉格大學的教授。

前面我們曾經介紹「捷克國家復興」運動的發展，從十八世紀末期直到二十世紀初期的這場建國追求，最後是在克拉馬什所領導的「年輕捷克黨」改採積極手段爭取捷克的政治地位之後，才產生了些微的成效，馬薩里克也加入過這個組織，而且還當選了國會議員。

■實事求是的馬薩里克

不過，實事求是的馬薩里克對於「年輕捷克黨」未能言行一致、劍及履及的作風無法認同，他在1900年另行籌組了一個名為「捷克人民黨」的新政黨，由於他們的作風務實，努力促使捷克和斯洛伐克人的合作，積極向奧匈帝國爭取平等的權利和地位，因此又被稱為「務實黨」。馬薩里克認為：「捷克雖然是一個小國家，但是上帝賦予它一個偉大的使命。捷克人必須秉持誠實正直的精神，對抗邪惡與迷信，發揚捷克智識文化的成就以造福全人類。」

1902年馬薩里克曾經受到美國富豪克雷（ *Charles R. Crane* ）的邀請，前往美國芝加哥講授捷克的歷史與文化，他

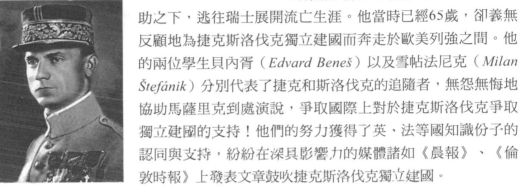

也因此和美國的捷克僑界接觸並且開始建立起他的國際人脈。

1914年6月因為奧國王儲的遇刺而爆發了第一次世界大戰，歐洲再度陷入列強整合交戰與意識型態對立的緊張局面，馬薩里克在女兒的協助之下，逃往瑞士展開流亡生涯。他當時已經65歲，卻義無反顧地為捷克斯洛伐克獨立建國而奔走於歐美列強之間。他的兩位學生貝內胥（*Edvard Beneš*）以及雪帖法尼克（*Milan Štefánik*）分別代表了捷克和斯洛伐克的追隨者，無怨無悔地協助馬薩里克到處演說，爭取國際上對於捷克斯洛伐克爭取獨立建國的支持！他們的努力獲得了英、法等國知識份子的認同與支持，紛紛在深具影響力的媒體諸如《晨報》、《倫敦時報》上發表文章鼓吹捷克斯洛伐克獨立建國。

1917年2月俄國發生革命推翻了帝制，原來在大戰期間被迫為奧匈帝國作戰而被俄羅斯所俘虜的捷克和斯洛伐克士兵們有可能因此而獲釋，馬薩里克為了營救自己的子弟兵親自冒險越過戰區深入俄羅斯，和俄國剛成立的臨時政府折衝協調。當時俄國本身正陷入由克倫斯基所領導的臨時政府和列寧所主導的共產黨互相奪權的混亂局面中，馬薩里克費盡心思總算說服俄國釋放捷克和斯洛伐克的戰俘，讓他們組成了一支3500人的勁旅，並且在烏克蘭代表協約國的軍隊參戰，他們旗開得勝擊潰了數量四倍於己的奧匈帝國軍隊！

■爭取國際認同，積極準備獨立建國

獲得協約國的認同之後，馬薩里克繼續待在烏克蘭整編捷克和斯洛伐克的軍隊，這時他們的人數已經達到四萬多人；他每天視察軍營、醫院，確保子弟兵受到善待，他也不斷地演講鼓舞士氣，更重要的是為大家規劃捷克和斯洛伐克

▲ 馬薩里克博士（左）與後來擔任第二任捷克總統的學生貝內胥（右）。
▲ 雪帖法尼克曾在法國服役，後來因飛機失事英年早逝。

獨立建國的美好願景，因此捷克和斯洛伐克的子弟兵們都尊稱他為「馬薩里克老爹」！

隨著俄國共黨奪權以及烏克蘭宣佈獨立所爆發的內戰，直接穿越東歐戰區返鄉顯然已經不可能，馬薩里克於是號令子弟兵們嚴守中立；另一方面，迫於戰況，他只好帶領他們沿著西伯利亞鐵路向東前進到太平洋西岸的海參威港，再轉搭船艦試圖返鄉。馬薩里克先行出發，抵達海參威港安排載運子弟兵們的船舶，並且立即搭船渡洋前往剛加入協約國對德奧作戰的美國，他以捷克斯洛伐克民族委員會主席的身份會見美國威爾遜總統，說服他支持捷克斯洛伐克獨立建國的方案。

1918年初，德國和奧匈帝國的同盟國陣營敗象已露，捷克國內各政黨的人士在7月組成「國家委員會」，並且和位於日內瓦的「捷克國家議會」秘密聯繫，準備獨立建國。此時馬薩里克正從舊金山經過芝加哥抵達美國東岸的各大城，一路上受到捷克和斯洛伐克移民的熱烈歡迎，他也充分把握機會向美國政要宣傳建國的理念，1918年9月3日美國正式承認「捷克國家議會」是一個與協約國並肩作戰的政府。馬薩里克在華盛頓發表了《獨立宣言》，宣布捷克斯洛伐克臨時政府成立；10月德國和奧匈帝國宣佈戰敗並接受美國的威爾遜總統所提出的「14項和平原則」，10月28日布拉格「國家委員會」由奧匈帝國官員手中有系統地接過政權，他們推舉克拉馬什擔任總理掌管新政府的運作，並且請貝內胥火速打電報告知馬薩里克：「您身為共和國的總統，必須馬上回國！」敦促他返國承接大任，這一天也因此被捷克斯洛伐克共和國訂定為國慶日。

馬薩里克於1918年12月21日搭乘火車返抵布拉格，大約有五十萬人興奮地擠在布拉格街道上等著迎接他們的建國之父「馬薩里克老爹」。馬薩里克所乘坐的敞篷車緩緩駛經瓦茨拉夫廣場、國家劇院等歷史性的地標然後來到了舊城廣場，人們淌著淚水向他歡呼致敬！輪到馬薩里克向群眾致詞時，一向口

▲ 馬薩里克博士深獲捷克國民愛戴，因此在捷克斯洛伐克共和國成立後，便出任第一任總統。

▲慕夏以《向斯拉夫致敬》
這幅作品紀念捷克獨立建
國終於成功的一刻。

若懸河的他竟然也激動得哽咽，好不容易在情緒平復之後才開始向群眾致詞：「……各位和我一樣了解，未來還有許多工作等待我們去完成，……我也將和大家一起同心協力，繼續奮鬥下去！」捷克斯洛伐克共和國終於擺脫了將近三百多年的悲慘命運，得以獨立建國自己當家作主了！

　　慕夏《斯拉夫史詩》的最後一幅作品即以《向斯拉夫致敬》為標題，慶祝與紀念捷克斯洛伐克的獨立建國成功。右下側藍色系的構圖代表斯拉夫民族的發源以及古老的傳說，左上角紅色的部份則代表了捷克歷史上輝煌年代的人物們，黑色象徵被外族入侵與欺凌的三百年悲慘時期。畫面正中央柔亮的光線中，少女們歡迎著為了建國而奮戰的戰士們從戰場歸鄉，正上方一位雙臂高舉自由花環的年青男性代表捷克斯洛伐克這個新興的國家；最後，畫家仍不忘在最高遠處讓上帝的祝福降臨給這個新興之國！

■以柔克剛的《好兵帥克》

1 2
3 4

1. 哈謝克的插畫家好友約瑟夫·拉達。
2. 連接布拉格和維也納的快速列車曾經以《好兵帥克》當作文宣以及車廂的外觀裝飾。
3. 在布拉格的街頭幾乎隨處可見《好兵帥克》的相關周邊商品。
4. 今日成為重要光觀景點的卡力赫啤酒屋一景。

　　捷克作家雅洛斯拉夫·哈謝克（*Jaroslav Hašek*，*1883~1923*）所寫的小說《好兵帥克歷險記》雖然是一部未完成的作品，但是卻被全球的讀者一致公認是捷克近代文學的傑作，它被譯成了五十多種文字，廣泛地受到世界各地的讀者所喜愛。哈謝克透過他筆下的主人翁好兵帥克，對奧匈帝國的殘暴腐敗提出了令人噴飯的戲謔控訴：好兵帥克代表著在奧匈帝國高壓專制下的捷克民族，表面上唯唯諾諾，甚至對外來政權高呼效忠萬歲，但是內心卻對這些殘暴的統治者無限地鄙視，經常以他慣有的傻笑和溫吞的反應來回擊外來政權的粗暴咆哮，甚至在有意無意之間惡搞了殘暴的統治者，令讀者在義憤之餘還能發出會心的微笑！

《好兵帥克歷險記》
捷克作家雅洛斯拉夫·哈謝克在生命中最後兩年完成的長篇小說。這部傑出的政治諷喻之作，以捷克士兵在第一次世界大戰期間的經歷為主軸，深刻揭露奧匈帝國的凶惡專制及腐敗墮落。本書先後被譯為五十多種文字，並廣為世界各地的讀者所喜愛。

哈謝克本人的經歷就如同好兵帥克，他出生在布拉格的教員家庭，13歲喪父之後到藥鋪當學徒；從小便對奧匈帝國的專制十分反感，經常撕掉奧匈帝國的戒嚴佈告或者扯掉帝國的國徽，還曾經因為參加反帝國遊行而遭到逮捕。

哈謝克從商業學校畢業之後選擇了寫作這一條路，並且在1907年當上了報社的主編，由於職務之便又加上天性喜好徒步旅行，他經常到處對礦工和紡織工等勞動大眾們演講，也因此被奧匈帝國的特務警察們密切監視，當然他也成為專制政府牢獄的常客。正如同他筆下的主人翁一般，哈謝克也經常做出讓奧匈帝國的專制統治者咬牙切齒卻又無法對他嚴懲的耍寶之舉。1911年他在一家小酒館裏發表抨擊奧匈帝國專制的言論，事後他解釋說是要為那一家小酒館多招攬些生意；當第一次世界大戰方酣時，他在布拉格的一家旅館投宿，竟然在住宿登記簿的國籍欄上寫下了正和奧匈帝國交戰的「俄羅斯」，而且附註「前來刺探奧國參謀本部的活動」，於是這家旅館馬上被顢頇的特務和警察團團包圍，待真相大白之後他被質問為何要開這種玩笑，哈謝克像帥克一樣無辜又真誠地回答道：「這麼做是為了要測試警察們的效率」，並不意外的，他又被關了五天的禁閉！

哈謝克在1915年被徵召入伍編入第91步兵團，也就是他筆下好兵帥克所屬的單位，部隊駐紮在波希米亞南部以生產啤酒著名的切斯凱·布迭優維茨，當年9月哈謝克的部隊被俄軍擊潰，他也因而成為戰俘；雖然身處戰俘營，但是哈謝克依然繼續《好兵帥克》的寫作，大戰結束之後他才返回布拉格。

因為沒有出版社願意印行《好兵帥克》，所以他在朋友的資助之下自費印刷了《好兵帥克》的第一部，然後在布拉格市區沿街叫賣，沒想到卻大為暢銷！哈謝克原本計劃寫六部《好兵帥克》，寫到第四部時他卻因為染上瘧疾而臥病在床，1923年他還未完成《好兵帥克》就與世長辭了！

哈謝克生前未曾見過我們目前所熟悉好兵帥克的精彩插畫，這是哈謝克的好友約瑟夫‧拉達（*Josef Lada，1887~1957*）在他去世後應《捷克日報》的邀稿為《好兵帥克》的連載所畫的540幅插畫，每一幅插畫再附加上一段解說。這些輪廓分明、簡潔有力的插畫和小說本身互相呼應，幾乎成為現代捷克人的映象代表，以至於後來又推出了電影版的《好兵帥克》。雖然有不少人批評《好兵帥克》對捷克人的國際形象造成負面影響，但是在1998年的一份民調當中，《好兵帥克》卻依然贏得了壓倒性的勝利成為二十世紀最具代表性的捷克文學作品。當年哈謝克和朋友聚會碰面的卡力赫啤酒屋更因此而水漲船高，吸引大批觀光客來此消費，而在布拉格街頭的紀念品店和戲偶店裡，也常常可以發現《好兵帥克》的相關周邊商品；連接布拉格和維也納的快速列車曾經以《好兵帥克》當作文宣以及車廂的外觀裝飾，可見人們對於《好兵帥克》的喜愛程度至今依然不減！

▉▉▉健身愛國的「鳥」協會（*SOKOL*）

在捷克的各大城小鎮幾乎都可以發現「隼運動協會」的蹤跡，它是在1862年由堤爾許（*Miroslav Tyrš*）和富格納（*Jindřich Fügner*）所創立的一個體育協會。「隼運動協會」的原始宗旨和「合一弟兄會」理念相近，揭櫫平等與博愛的價值觀，他們的信念是「以精神、體能、藝術和科學等身心的鍛鍊來救國」；成立之初是以體操聯盟大會的方式聚會，吸引了波希米亞和摩拉維亞的許多民眾參加，後來分會更擴及到波蘭、斯洛凡尼亞、克羅埃西亞、塞爾維亞、烏克蘭和俄國等泛斯拉夫地區。

「隼運動協會」和捷克斯洛伐克共和國的建國過程密切相關，早期的會員大多都是「年輕捷克黨」的成員，受到義大利反抗奧地利帝國而獨立建國成功的影響，他們在十九世紀的80年代以軍事化的編制重整了協會的組織架構，制服甚至仿傚義

▲ 以《好兵帥克》為主題的
▲ 餐廳。

▼ 慕夏為「隼運動協會」繪
　製的海報。
◀ 隼運動協會的廣告招牌。

大利建國英雄加里波底（*Giuseppe Garibaldi，1807~1882*）的
穿著打扮。由於和捷克的民族復興運動風潮密切結合，在十九
世紀末時已有五萬多名會員，1914年第一次世界大戰前夕，會
員人數更快速成長到十二萬人，成為捷克斯洛伐克共和國建
國的中堅組織。慕夏也為「隼運動協會」畫過體操大會的海
報，藉此表達他對捷克能夠早日脫離奧匈帝國壓迫的殷切期許
──畫面中代表布拉格的少女披著「隼運動協會」引用為制服
的紅袍，背景的女子則是斯拉夫民族的祖靈，一手托著象徵運
動協會的「隼」，另一手握著象徵光明未來的太陽光環！

　　由於「隼運動協會」鮮明的民族主義與愛國形象，使得他
們的體育活動在納粹占領和共產黨統治期間都受到限制與打
壓。雖然如此，在1955~1985年之間，協會依然每隔五年在布
拉格小城區的史特拉霍夫大運動場舉辦萬人體操大會！

　　現在的「隼運動協會」雖然不復往昔的盛況，但是捷克的
家庭依然鼓勵青少年從事體育活動，有些人甚至將「隼運動協
會」當作體育場或健身中心的代名詞，可見這個健身愛國的
「鳥」協會百餘年來對捷克人日常生活影響之深遠！

捷克的近代文學大師們

數百年來，歷經列強爭奪與戰火侵襲，這裡的
人們卻依舊安然地生活著；是這樣的捷克精
神，孕育一片如此豐饒的文學沃土。

　　除了音樂大師以外，捷克也是一個盛產文學家的國度，首先就從
享譽國際文壇的卡夫卡（*Franz Kafka，1883~1924*）開始談起。卡夫
卡生前的遭遇和馬勒十分相似，他們兩人都是以德語為主要的使用語
言，但是在他們所處的環境中都是所謂「三重」無國籍的人——奧地
利人認為他是捷克人，德國人視他為奧地利人，世界上的其他人則認
定他是猶太人。不管那一個地方都勉強地收容了他，可是卻沒有一個
地方真正歡迎他！卡夫卡一直想逃離生於斯長於斯的布拉格，但是卻
像克普勒第一運動定律中的行星一般，終其一生都得環繞著布拉格這
顆太陽運行！

■躲在「蛻變」與「城堡」裡的卡夫卡

　　卡夫卡是一位業餘的文學家，他對發表作品的要求
十分嚴謹，除了對於已經發表過的文章感到不滿意之

▲ 被改編為電影的《泥人高蘭》乃
　是默片的經典之作。

◀ 赫拉巴爾的代表作《我曾侍候過
　英國國王》也已經翻拍為電影。

◀ 國家劇院對面的斯拉維亞咖啡
　館，是塞佛爾特與哈維爾等異議
　知識份子經常聚集的地方。

卡夫卡

一位大部份時間都住在布拉格的業餘文學家，他對作品的要求十分嚴謹，以獨特的象徵與暗示筆法探討現代人的「異化」、「疏離化」等問題，他的作品在去世之後才受到全球讀者的喜愛。

外，臨終之前他還要求好友布洛德（*Max Brod，1884~1968*）將他一切尚未發表的作品、手稿、書信和日記都予以焚燬，幸虧布洛德並未遵照卡夫卡的遺願，反而整理並且出版了卡夫卡的全部著作，今天我們才得以體會他那種獨特的象徵與暗示的筆法。

1930年代以後，卡夫卡的作品突然聲名大噪，引起全球各國文壇的研究與討論，形成了所謂的「卡夫卡學」。卡夫卡慣用詭異、荒誕與虛擬的比喻，表達現代人被充滿敵意的環境所包圍所引發的孤立與無援。例如在《蛻變》中以小職員一覺醒來發現自己變成一隻連家人都討厭的大甲蟲，藉此暗諷現代人的「異化」、「疏離化」等問題；《洞穴》一文中以地鼠來比喻小人物為求自保而時時刻刻處於高度警戒的緊張狀態；而《審判》和《城堡》這兩部未完成的長篇則分別批判了司法與行政機構的極度官僚主義和令人窒礙難行的社群關係！

▲身後才享有盛名的捷克作家卡夫卡。
◀布拉格市內的約瑟夫區貧窮、擁擠，因而成為卡夫卡口中的「小圓圈」。

布拉格市內的約瑟夫區是卡夫卡所謂的「小圓圈」，這個曾經是貧民窟的猶太社區大致上介於舊城廣場到伏拉塔瓦河之間，區內的墓園擁擠到必須「疊床架屋」的程度。布拉格是一個令卡夫卡感到窒息的地方，雖然他曾經極力地想逃離這個被

▼泥人高蘭肩負保衛猶太社
區的重責大任，卻在一次
意外中失控而遭銷毀。
▼泥人高蘭的裝置藝術。

他稱為「長著爪子的小媽媽」，但是一直到他去世的前八個
月，他都一直苦悶地困在這裏，沉默地承受來自父親、反猶太
勢力、工作、感情……等各方面的矛盾與壓力。

今天，雖然卡夫卡的本尊已經陪著他的雙親靜靜地躺在布
拉格東南郊的猶太墓園裏，但是我們依然可以在布拉格市區
內的各種商店裏，發現無數個卡夫卡的分身——舉凡櫥窗、
海報、T恤、明信片、馬克杯……，卡夫卡幾乎無所不在，甚
至還有自助餐廳將店名由Cafeteria「蛻變」成Kafkateria。稍微
一個不留意，可能你也會像在薩爾斯堡嚼莫札特巧克力一般
地，將各式各樣的卡夫卡吞入腹中。

或許卡夫卡臨終之前正慶幸著逃離了「小圓圈」，沒想到
現在卻又被「長著爪子的小媽媽」抓了回去，因為布拉格發
現，一向不討她喜歡的卡夫卡，現在又「蛻變」成了無數的歐
元、日幣和美鈔，難怪她要緊緊地抓牢這個毫不起眼的猶太兒
子，那裏在乎他曾經是「甲蟲」還是「地鼠」！

■梅林克的《泥人高蘭》

梅林克（*Gustav Meyrink*，*1868~1932*）根據十六世紀
魯道夫二世時代布拉格的猶太教拉比羅伍（*Judah Loew ben
Bezalel*，*1525~1609*）的傳說故事而改編的小說《泥人高蘭》
（*Der Golem*），巧妙地將布拉格的猶太傳說和對煉金術、占
星術等十分迷信的魯道夫二世皇帝連結在一起。

《泥人高蘭》描述羅伍拉比在女婿的協助之下，來到伏拉
塔瓦河岸邊，用土、水、風、火等四大元素塑造出了泥人高
蘭，從此泥人高蘭就聽命於羅伍拉比成為一位無可挑剔的僕
役，而且擔負起巡邏保衛猶太社區的重責大任；在某個猶太
安息日的前一天，羅伍拉比忘記取消泥人高蘭的密咒，導致
泥人高蘭失控大鬧猶太社區，羅伍拉比不得已只好取回泥人

高蘭的生命，讓它回歸於塵土。1920年，這本小說被拍成電影，成為默片電影的經典之作，而且還影響到「科學怪人」（*Frankenstein*）系列文學和電影的出現。今天當我們來到布拉格約瑟夫區的猶太墓園區參觀，除了可以看到「疊床架屋」的奇觀之外，也可以看到著名的羅伍拉比之墓。

■ 恰佩克的「機器人」

二十世紀初期的恰佩克是一位多產而且活動力十足的著名劇作家，他曾經是反抗奧匈帝國的新聞記者，也因此和催生捷克斯洛伐克共和國的馬薩里克博士過從甚密，恰佩克因而也寫就《馬薩里克對話錄》一書，成為研究捷克第一共和國的必備專書之一。此外，馬薩里克博士也經常出席每週五在恰佩克住家所舉行的花園派對，參加者大多是捷克文壇和政壇的名人，這種活動給後來也帶給哈維爾靈感，促使他參加了國際筆會，為言論的自由而奮鬥。

因為恰佩克的愛國色彩以及強烈反納粹極權的舉措，所以被納粹德國的蓋世太保列入了黑名單，納粹甚至稱呼他為「第二號全民公敵」。最後因為不幸感染了肺病，而在1938年的聖誕節辭世！

恰佩克的筆觸既生動又精準，他的科幻小說尤其著名。他在1921年所發表的《羅蘇莫的萬能機器人》一劇中，首次將捷克人稱呼「農奴」的「*robota*」一詞引申為俯首聽命的「機器人」（*robot*），此後這個單字便通行全球至今。

■ 社會底層的珍珠──赫拉巴爾

赫拉巴爾（*Bohumil Hrabal*，1914~1997）出生於摩拉維亞，在布拉格的卡爾大學修得法律學位。赫拉巴爾最具代表性的作品包括《底層的珍珠》、《嚴密監視的列車》、《我曾服

赫拉巴爾
從事過許多行業，包括資源回收和鋼鐵廠的工人，正因為親身體驗過社會底層的百態，所以他的作品大都描述平凡的普通人，特別是那些「被時代拋棄在廢物堆上的人們」。其文字能觸及辛勞大眾們的內心深處，刻劃捷克老百姓最真實的生活哲學，因而成為二十世紀捷克文壇一位家喻戶曉、深受人們喜愛的奇葩。作品中典型的角色是「巴比戴爾」（*Pábitelé*）──生活在底層、傻呼呼度日的小人物，但他們卻以粗俗嘲弄的言詞表達對生活最真實的理解。

◀以赫拉巴爾的照片為外包裝的啤酒。

▼恰佩克（右）撰寫的《馬薩里克對話錄》，是研究捷克第一共和國的必備專書之一。

▼捷克的民族詩人──塞佛爾特。

侍過英國國王》，其中《嚴密監視的列車》曾經由捷克導演拍成同名電影而且得到奧斯卡最佳外語片獎，而《我曾侍候過英國國王》後來也被搬上銀幕，小說透過一個平凡的餐飲業服務生因緣際會的奇妙遭遇，將捷克斯洛伐克建國之後歷經納粹德國占領到終戰後共產黨奪得政權的社會百態詳細地呈現；它探討了斯拉夫和日耳曼民族之間糾葛已久的歷史問題，揭穿上流社會的貪婪和物慾，但是也展現出許多小人物不平凡的人格與作為。最後主人翁雖然被發配到戰後日耳曼人被驅離的地區去開墾，可是他卻因為在大自然中悟出了安貧寡慾的生命哲理而終於成為一位心靈的富翁！

■第一位榮獲諾貝爾文學獎的捷克人──塞佛爾特

塞佛爾特（*Jaroslav Seifert*， 1901~1986）是第一位榮獲諾貝爾文學獎的捷克人，他出生在布拉格苦肯卡區的一個勞工家庭，緣於對鄉土的熱愛，因此以勞工生活、鄉土情懷與愛情為主題的作品充滿在他的詩文中，例如早期的成名詩作《淚中之城》即為典型。

緣於對社會人道的深刻關懷，促使塞佛爾特成為捷克共產黨的早期成員，但是他卻在1929年因為反對政黨的暴力化而被逐出捷克共產黨；縱使在納粹德國佔領期間，他依然勇於表達故鄉遭受暴力侵犯的苦痛，因此贏得「民族詩人」的尊稱。

1948年捷共奪得政權之後，他的作品長年被禁，1968年蘇聯等華沙公約組織武力鎮壓捷克時他堅持待在國內，因此而獲得了人民的尊敬；1977年，他與經常聚集在國家劇院對面斯拉維亞咖啡館中的異議知識份子們共同簽署發表了《七七憲章》，向捷共爭取基本人權。

1984年，塞佛爾特榮獲諾貝爾文學獎，因為健康不佳而由女兒代替領獎；捷共因為來自國際社會的關注與壓力，勉強允

許經過刪改的塞佛爾特詩集出版。雖然他還來不及看到捷克恢復民主自由社會就與世長辭，但是他對於人道關懷與鄉土熱愛的信念，就如同他的萬言回憶錄《世界如此美麗》一般，永遠留駐在愛好詩文的捷克人民心中。

■哈維爾《無權力者的權力》

哈維爾（*Vàclav Havel*，*1936～2011*）是歐洲現代史上一位特殊的政治領袖，他一直都是以劇作和文學做為生命主軸；秉持著知識份子的良心向各種專制極權抗爭，所以深受捷克國民的愛戴而被推選為民主化之後的第一任總統！

哈維爾開始劇作和文學的創作約莫在1955年，同時也公開批評捷共迫害言論與創作的自由。在1968年「布拉格之春」蘇聯武力鎮壓改革活動之後，哈維爾不但作品遭到查禁，他本人也被捷共當局逮捕下獄，並且送往釀酒廠「勞動改造」。

1977年他聯合捷克的異議人士和作家們發表了《七七憲章》，要求捷克政府必須遵守《赫爾辛基宣言》中的人權條款，因而又多次遭受到牢獄之災。出獄之後他再度擔任《七七憲章》組織的發言人，1989年帶頭成立「公民論壇」，不但要求選舉、言論、集會與新聞的自由，而且還要求捷共下台結束一黨專制。在全國大規模的抗議示威聲中，捷共威權體制在「天鵝絨革命」中走入歷史，哈維爾被選舉為新國家的領導人擔任總統。

他藉由荒誕劇三部曲《花園派對》、《通知書》、《越來越難集中精神》傳達「即使在一個虛擬荒誕的環境之下，依然嚴肅地追求真理」的態度，而且用以針砭共黨統治的種種現象。而他所發表的代表性著作有《來自遠方的拷問》、《獄中書簡—致妻子歐嘉》、《無權力者的權力》、《政治，再見！》。《紐約時報》曾經如此評論道：「……，他在擔任總

哈維爾

1936年出生於優沃的富商家庭，當捷克於1948年成為蘇聯的衛星國後，哈維爾的家庭被打入「走資派」，而他也因為政治背景和階級出身，無法進入高等教育學校。但他仍排除萬難，從工業學校經濟科畢業，並修完戲劇學校的校外課程。此番際遇激發了哈維爾的文藝細胞，讓他開始注意共產社會的荒謬性。

青少年時的哈維爾，為了逃避軍事訓練，熱烈參與戲劇演出，進而走上編劇之路；他所寫的幾乎都是嘲弄社會和政治的諷刺劇，讓觀眾藉由戲劇笑忘現實中的痛苦。他曾經自我解嘲：就是因為寫多了政治鬧劇，上帝為了懲罰他，「所以讓我當了總統！」

伊凡‧克里瑪

伊凡‧克里瑪的代表
作有《我快樂的早晨》、
《被審判的法官》、《布
拉格精神》等；其中特別
值得 提的是，《布拉格
精神》一書融合了卡夫卡
式的冷靜與哈謝克式的幽
默，為捷克的過去利未來
提出了分析與見解。不同
於米蘭‧昆德拉時時擔心
自己的民族隨時會滅亡，
伊凡‧克里瑪堅信捷克民
族早已練就了一套超級的
生存法則。

統期間依然發出誠實之聲，在人們所期待的時刻，展示了個人
的道德。無論是在捷克，還是世界的其他角落，都因為有了哈
維爾而變得更美好。」

■布拉格的精神──伊凡‧克里瑪

伊凡‧克里瑪也是哈維爾的好友，出生在布拉格的猶太家
庭，10歲時曾經和家人一齊被送入納粹集中營，大難不死的他
在從卡爾大學語言學院畢業後開始發表劇作和小說。1968年
「布拉格之春」事件之後他受邀前往美國密蘇里大學訪問一
年，但是隨後又舉家返回捷克，但是「異議份子」的角色隨即
讓他在捷共專制的社會失去工作。迫於生計，他還當過土地量
測員、護理急救員、小攤販等，但是他對於選擇和故鄉共患難
的決策卻絲毫不後悔。

他的作品也在捷克境內遭禁長達二十年，和哈維爾等異議
份子的作品一樣只能以「地下文學」的形式在特定族群之間流
傳，一直到1989年之後，才得以正式和世人見面。在捷克國
內，他的讀者群已經遠超過選擇出奔他鄉的米蘭‧昆德拉，而
成為捷克二十世紀的代表作家之一。

或許是在納粹集中營大難不死的經驗，使得伊凡‧克里瑪
的作品呈現出一種歷劫澈悟後的清澄與樸實。他的語法平實從
容，但是平淡中卻傳達出獨特的韻味。相似於文壇的前輩雅洛
斯拉夫‧哈謝克及其筆下的主人翁好兵帥克，他也具有將悲劇
轉化為幽默的天賦，伊凡‧克里瑪對於平凡的小人物著墨很
深，在他的作品裡，這些小人物們正代表了捷克人的典型，極
具幽默感和忍耐力，善良又懂得及時行樂，也正是這種獨特的
民族性才使得捷克在強鄰環伺欺凌的環境中，依舊處之泰然而
且又能活力十足。

抗暴七勇士與布拉格廣播電台 *15*

海德利希的遇刺身亡，或許恰恰印證了那一則
與卡爾四世的「捷克珍寶」有關的傳說……。

1918年捷克斯洛伐克獨立建國，新的領土和部份國民的歸屬認同感問題，在捷克斯洛伐克和波蘭、匈牙利、德國等國之間都引發了不小的爭議與衝突。經濟大恐慌以及納粹德國的崛起，為這個新興的國家再度帶來了劫難。英、法的盟友們對納粹德國採取「綏靖政策」，天真地認為只要將捷克和德國接壤的蘇台德地區劃歸為德國的勢力範圍，應該就可以遏止納粹德國繼續向鄰國侵略擴張的野心。此舉不僅嚴重傷害了捷克斯洛伐克的基本權益，而且讓納粹德國的侵略氣燄更加地囂張；1939年3月15日納粹德國終於全面併吞了捷克，希特勒在布拉格城堡宣告「波希米亞‧摩拉維亞」降為德國的保護國，納入德國的版圖，隨後更繼續入侵波蘭挑起了第二次世界大戰的戰火！

▲數名反抗軍犧牲了寶貴的生命換
　取收復布拉格廣播電台。

◀布拉格廣播電台的抗暴紀念碑。

◀伊拉庫夫橋邊著名的「擁舞
　樓」，是一棟充滿曲線韻律的建
　築，遠遠望去，就像兩人相擁而
　舞，予人無限浪漫的想像。

■納粹軍頭海德利希刺殺事件

捷克在納粹德國占領期間，為求保留國力以及各項

納粹軍頭海德利希的刺殺事件

第二次世界大戰捷克被納粹德國佔領期間反抗軍安排刺殺高階軍頭的事件，海德利希在送醫急救之後因為傷重而不治，成為納粹德國被暗殺身亡的最高位階者。不過，這次暗殺事件反而引起納粹黨的怒火，展開一連串的屠殺悲劇。

有形與無形的資產，人民普遍都忍氣吞聲對外來入侵者採取不合作的消極抵抗方式；但是也有許多流亡到國外的愛國志士們加入反軸心國陣營，直接在前線迎戰，或者接受訓練潛回國內從事地下反抗活動。最著名的戰績就是刺殺納粹軍頭海德利希的事件。海德利希是納粹黨衛隊僅次於殺人魔希姆萊的第二號人物，為人十分殘酷，行事手段心狠手辣，他也是規劃迫害屠殺猶太人的主事者之一。

不過，海德利希也沒有得意太久！長久以來，捷克一直流傳著一則有關於卡爾四世皇帝所遺留下來的國家寶藏「捷克珍寶」的傳說──只要是以不正當的手段擁有這組寶物的人都會很快地死於非命；海德利希於1941年11月19日逼迫捷克的傀儡總統哈賀交出存放「捷克珍寶」的寶庫之鑰，果然，沒多久，他就在次年五月遭到反抗軍刺殺而身亡！

1941年11月28日，英國空投了三組接受他們訓練的捷克反抗軍返鄉進行敵後任務，其中一組的任務就是刺殺海德利希，代號為「類人猿」。刺殺小組得知1942年5月27日早上，海德利希將從布拉格機場飛回柏林和希特勒開會，因此選定在這天舉事。當天，海德利希依照慣例搭乘敞篷專車前往布拉格機場，三名捷克反抗軍包括瓦契克士官長、庫比雪和嘎伯契克士官選定途中一處車輛必須減速的急彎處靜候目標；瓦契克士官長以鏡子的反光做暗號通知另外兩位戰友海德利希的座車即將經過，嘎伯契克士官假裝成追趕電車的行人跑向道路中央，藉機擋下目標並朝海德利希開槍，不巧他的斯登衝鋒槍卻在此時卡彈而無法擊發開火，庫比雪見機行事改用手榴彈攻擊目標，爆擊成功後三名反抗軍迅速離開現場，海德利希在送醫急救後傷重不治，成為納粹德國被暗殺身亡的最高位階者。

■納粹黨瘋狂的血腥報復

為了報復海德利希的遇刺，惱怒的納粹黨開始到處搜索捷

克反抗軍，並且對捷克的其他地區展開殘忍的燒殺擄掠，因而引起一場大屠殺悲劇，其中以利第策村慘案最著名。當時有錯誤的密告資訊說反抗軍藏匿在布拉格西邊25公里處的利第策村，納粹黨衛軍於是將利第策村16歲以上的192位男性悉數槍決、172名婦女與105名兒童則被送進集中營，95棟房舍遭到焚燬，後續的報復行動又摧毀了雷札基等村莊，總計造成三千多位無辜捷克平民死亡。終戰之後，捷克政府在利第策村修建了一座玫瑰園和墓碑以紀念那些無辜的死難同胞。

納粹黨衛軍瘋狂而殘忍的報復行動果然奏效，一位反抗軍因為害怕自己的

聖西里與聖梅多迭教堂

離伏拉塔瓦河的伊拉斯庫大橋200公尺，我們可以在靠著Resslova大道邊的牆面上清晰地看到納粹黨衛軍所發射的累累彈痕，紀念碑上刻印著七位勇士的尊名，兩側的雕像雖然低頭哀悼卻見證了捷克人反抗暴政的精神！

故鄉也遭受屠戮而向納粹投案；雖然他所供出的資訊有限，但是黨衛軍很快就追查到反抗軍的藏身之處——**聖西里與聖梅多迭教堂**；經過一場激戰之後，尚未陣亡的反抗軍們以僅存的子彈光榮地殉國，其中包括七位令捷克人懷念不已的勇士。

雖然海德里希的刺殺事件牽連許多無辜的捷克人民喪失了寶貴生命，但是卻也喚醒了世界對於捷克被侵略的重視，英、法兩國相繼宣佈《慕尼黑協定》無效，美國也承認捷克斯洛伐克的流亡政府為唯一合法的代表。

今天來自全球的訪客都會到伏拉塔瓦河的伊拉斯庫夫橋邊欣賞著名的「擁舞樓」（Tančící dům），這是由美國建築師設計，在1995年完成的作品，其前衛的風格曾經備受爭議，卻也吸引了眾人的目光。但是，請大家不要因此忘記聖西里與聖梅多迭教堂，更不要忘記這裡有見證反抗暴政精神的抗暴七勇士紀念碑。

3
1
2

1.海德利希。
2.海德利希遇刺現場。
3.聖西里與聖梅多迭教堂牆面一景。

▼聖西里與聖梅多迭教堂。

　　隨著納粹德國在東西線戰場的節節敗退，捷克人民也紛紛起義對抗納粹德國。1945年5月5日，又有數名反抗軍犧牲了他們寶貴的性命收復布拉格廣播電台，電台開始向全國放送起義抗敵的消息，捷克各地人民群起響應，激戰三日之後，德軍在1945年5月8日正式投降，5月8日也因此被捷克政府訂為「終戰紀念日」。

JAN PALACH
* 11.8.1948 † 19.1.1969

JAN ZAJÍC
* 3.7.1950 † 25.2.1969

布拉格之春與天鵝絨革命

春天的布拉格，理當是和煦溫暖的季節；然
而，1968年的「布拉格之春」，卻帶來一場殘
酷血腥的武力鎮壓。

捷克在《慕尼黑協定》中被英、法盟國出賣，淪入納粹魔掌，雖
然第二次世界大戰時英、法兩國曾經否決《慕尼黑協定》並協助捷克
反抗納粹德國，但是捷克人民似乎比較信任國內的共產黨和後來才
對德宣戰的蘇聯，因此在1946年的大選中，共產黨一舉囊括38%的選
票，成為捷克斯洛伐克共和國的第一大黨。

總統由貝內胥繼任，親蘇聯的高德華特（*Klement Gottwald*，
1896~1953）則出任總理執掌新政府的運作，並且由共產黨員擔任國
防、內政、財政、新聞等十二個重要的閣員職務，
而外交部長一職卻由非共產黨的楊·馬薩里克（*Jan*
Masaryk，*1886~1948*）擔任。楊·馬薩里克不是別
人，正是有「捷克國父」之稱的馬薩里克博士的兒
子，因為自幼受到雙親的家教影響，十分崇尚自由與
民主的理念。

▲捷克青年向入侵的蘇聯戰車部隊
嗆聲叫罵。

◀米蘭·昆德拉的名作《生命中不
可承受之輕》以布拉格之春事件
為背景。

◀瓦茨拉夫廣場上楊·帕拉赫和
楊·札伊策紀念碑。

■■外交部長楊‧馬薩里克墜樓事件

　　捷克斯洛伐克的新政府內非共產黨和共產黨閣員的岐見逐漸加深，鬥爭也日漸地白熱化。1948年2月非共產黨的十一位閣員希望以集體請辭的方式迫使內閣全面改組，但是總理高德華特在蘇聯的支持之下，反而有恃無恐地提名其他共產黨員遞補缺額，非共產黨籍的領袖們於是開始紛紛走避到其他國家，崇尚自由與民主的外交部長楊‧馬薩里克仍然堅守在國內，遺憾的悲劇在1948年3月10日清晨發生了——楊‧馬薩里克被發現倒臥在外交部中庭的冰冷石板上。根據共產黨的官方說法是楊‧馬薩里克跳樓自殺，但是捷克一般人民咸信他是被人從窗口推下摔死的，這個事件被許多史學家稱之為「第三次布拉格擲窗事件」。現在捷克共和國外交部內依然將楊‧馬薩里克當年使用的辦公室完整地予以保留，並且在中庭內豎立了一尊雕像以茲紀念。由於這裏是政府的重要機構，並不開放給一般訪客參觀，筆者因為榮獲捷克共和國「國家之友獎」進入外交部領獎才得以在專人陪同之下仔細地參觀這些地方，因此特別將這些珍貴的照片和大家一起分享！

　　1948年2月捷克斯洛伐克共產黨的全面執政已成事實，5月又宣佈了一部蘇聯式的新憲法，確保共產黨得以繼續掌控全

國。貝內胥總統拒絕承認這部憲法，因而辭去了總統職務，並且在三個月之後去世。共產黨也將國號改成「捷克斯洛伐克人民民主共和國」，捷克斯洛伐克此時已經全面「蘇聯化」，正式淪為蘇聯的附庸國。

1950年代，捷克斯洛伐克以蘇聯模式實施了工業和農業的集體化與集中化政策，致使經濟活動遲滯而無法發展；而在1960年代又遭到蘇聯強迫推行所謂的「國際分工」，使得原來健全的工業基礎與實力流失，基本日常生活的物資缺乏，人民的生活再度陷入了困頓，經濟面臨崩盤。

■布拉格之春改革運動

因應人民不滿情緒的高漲，捷共黨內也出現了改革的呼聲。1968年，捷共第一書記杜布契克（*Alexander Dubček，1921~1992*）要求捷共黨政分家，並且提出了「帶有人性化面孔的社會主義」的改革主張，包含讓斯洛伐克自治、農工業改革、放寬書報檢查、提高言論自由與公民的參政權利等政策，一時之間捷克斯洛伐克全國洋溢著改革的活力與氣息，史稱「布拉格之春」（*Pražské jaro*）。

可是蘇聯當局將捷克斯洛伐克的改革視為對其領導地位的挑戰，也是對於華沙公約組織的一種威脅，於是在1968年8月20日晚上11點，以一架民航機「機械故障，要求迫降」為理由，強行降落在布拉格機場，隨即由民航機內衝出蘇聯的軍隊迅速攻佔控制了機場。8月21日，蘇聯主導率領華沙公約組織的20萬軍隊和5千輛戰車迅雷不及掩耳地入侵捷克斯洛伐克展開了鎮壓改革的行動。21日早晨杜布契克也在捷共大樓的辦公室內被強行抓往莫斯科，蘇聯逼迫他收回改革的政治主張，遭到杜布契克的拒絕，最後蘇聯為了避免激起更大的民怨和反抗，才將杜布契克釋回，之後他被解職，只能在布拉迪斯拉發附近的伐木場工作，但是卻被秘密警察嚴密監控他的一舉一

▼ 捷克共黨大樓的辦公室，
是杜布契克強行遭到逮捕
的地方。

動。杜布契克後來在1989年的「天鵝絨革命」中再度復出，他強力支持哈維爾的「公民論壇」運動，終於讓捷共垮台結束一黨專制的局面。但是在1992年9月1日，杜布切克卻因為發生了車禍重傷，於11月7日去世。

　　布拉格之春改革運動被武力鎮壓之後，蘇聯更將軍隊駐紮在捷克斯洛伐克的暴力行徑強制予以合理化。1969年先後有學生楊·帕拉赫（*Jan Palach*）和楊·札伊策（*Jan Zajíc*）在布拉格新城區的瓦茨拉夫廣場以及普洛謝克（*Evžen Plocek*）在伊赫拉瓦自焚以抗議蘇聯的入侵。同年在瑞典所舉行的冰上曲棍球世界錦標賽，捷克斯洛伐克隊戰勝了蘇聯隊，立刻在捷克斯洛伐克造成了萬人空巷的慶祝場面，反應出捷克斯洛伐克對外來政權武力干預內政的深惡痛絕。

布拉格之春鎮壓事件造成了許多科學家、作家、音樂家、新聞從業人員、學者教授等專業人士喪失工作機會，他們被迫從事低微的工作賴以糊口或者流亡國外另謀生計，總數約二十萬人離鄉背井，這對捷克斯洛伐克的國家元氣是一大損失與戕害。著名的作家米蘭‧昆德拉於1975年流亡法國並且在1984年發表著名的文學作品《生命中不能承受之輕》，以編年史的方式描述捷克人民在布拉格之春改革運動被武力鎮壓之後如何再度面對巨變以及生活上的種種困境；美國導演菲利浦‧考夫曼在1988年將這部小說拍攝成電影，獲得國際影壇的佳評如潮，更重要的是讓世人了解到極權制度的違反人性以及闡揚自由民主的普世價值獲得了共鳴！

1969年4月，古斯塔夫‧胡薩克（*Gustáv Husák，1913~1991*）接替杜布切克的職務擔任第一書記，繼續實行蘇聯所謂的「正常體制」。布拉格之春改革運動至此正式宣告結束，但是卻也為20年後的天鵝絨革命埋下了伏筆！

天鵝絨革命（*Sametová revoluce*）

捷克斯洛伐克在1970年以後開始清黨，並且整肅異議份子。人民不但在思想言論上受到箝制，連日常生活的基本民生物資也都異常地缺乏。像捷克愛樂管弦樂團這種有幸得以因公出國巡迴演奏的少數人，因為身負著親友們的託付，竟然得瘋狂採購各種民生物資回國。他們告訴筆者，有一次到義大利演奏時，每一位團員幾乎都買了2、3公斤的蒜頭返國，為的是分給親友，讓義大利菜市場的小販們目瞪口呆，這許多另類的「經濟奇蹟」就被悶在封鎖的國界之內，不斷地累積，等待著臨界點的爆發。

以文學劇作家哈維爾為首的知識份子在1977年共同發表簽署了《七七憲章》，要求捷共當局遵守《赫爾辛基宣言》中維護基本人權與尊嚴，並且改善人民的生活條件等等主張。但是

▲ 專研國際網路的雅娜‧歐特拉托瓦博士（Jana Outratová，左一）和其他許多科學家、作家、音樂家、新聞從業人員、學者教授等專業人士一樣在布拉格之春鎮壓事件喪失了工作機會，她和大婿流亡到加拿大另謀生計，這對於捷克斯洛伐克的國家元氣是一大損失與戕害。

▲ 杜布契克強力支持哈維爾的「公民論壇」運動，終於讓捷共垮台結束一黨專制的局面。

隨即又被捷共鎮壓，異議份子多次被任意以「顛覆共和國」的名義而逮捕下獄，引起了國際社會的注意，歐洲議會因此要求捷共當局釋放包括哈維爾在內的政治犯。

1983年哈維爾因為肺病出獄，剩餘的刑期被捷共以「紀念解放四十周年」為由大赦。他在出獄之後繼續不斷地發表劇作與文章批判捷共當局，因而又多次被警方拘留；當時他還曾經隨身攜帶著刮鬍刀、香皂、藥品等個人日常用品，以防隨時被拘捕入獄。

《七七憲章》代表著捷克人民追求自由民主意識的再次覺醒，正如同哈維爾所講過的「無權力者的權力」，被極權所壓迫的無權力者，卻擁有活在真理當中以揭穿專制獨裁者謊言的權力。而以《七七憲章》為代表的抗議組織也開始一波波地解構捷共的鐵幕，1989年，改革風潮再度席捲鐵幕，當年入侵捷克、鎮壓布拉格之春改革運動的五個華沙公約國，在蘇聯領導人戈巴契夫的邀集之下，於莫斯科發表共同聲明，一致譴責1968年的軍事鎮壓入侵行為。同年的11月10日，分隔極權與民主兩個世界長達數十年的柏林圍牆倒塌了，為共產國家的土崩瓦解敲下第一擊！

1989年11月17日，一項被捷共批准為紀念反抗納粹德國而犧牲的同胞所舉辦的遊行在布拉格市區展開，這一場五萬多人的遊行後來竟然遭到警察的武力鎮壓，反而引起了全國各地更多的抗議遊行浪潮。11月19日，以《七七憲章》為代表的十二個抗議組織在布拉格成立了「公民論壇」，提出結束捷共一黨專制，並且要求選舉、言論、集會與新聞的自由。11月24日，在全國更大規模的抗議示威聲浪中，捷共總書記宣佈去職，隨後聯邦議會通過憲改案，取消共產黨的領導權，而且在12月29日選舉哈維爾擔任總統。這一場非暴力無流血的成功抗爭運動因而被稱為「天鵝絨革命」，1990年捷克斯洛伐克正式更改國名為「捷克斯洛伐克聯邦共和國」！

▲ 流亡法國的名作家米蘭‧昆德拉於1984年發表的《生命中不能承受之輕》是一本與時代緊密連結的作品，也被認為是他的經典代表作。

▇▇1998年奧斯卡最佳外語片《遊子》

▲《遊子》電影海報。

▲《遊子》的導演以及他的父親。

◀《遊子》的劇照,這一部電影主要是描述「天鵝絨革命」前後捷克民間的生活百態。

　　由捷克著名的電影導演楊・史維拉克(*Jan Svěrák*)所執導,他的父親茲甸涅克・史維拉克(*Zdeněk Svěrák*)擔任主角所演出的《遊子》一片,在1998年榮獲了奧斯卡最佳外語片、東京電影節大獎等國際獎項。劇情的時空背景設定在天鵝絨革命之前的捷克,描述一位被捷共逼出捷克愛樂管弦樂團的單身大提琴首席,為了糊口不得已只好在喪禮上趕場以演奏哀樂維生。後來他為了籌錢挺而走險答應了一樁假結婚,但是俄國假新娘卻在婚宴結束之後隨即逃往德國留下小兒子給捐客阿嬤照顧,不料捐客阿嬤卻因為心臟病突發而去世,這位舉目無親又言語不通的俄國小男孩因此成了大提琴家的拖累;但是兩人卻由原來的極端生疏,慢慢地在大提琴家的善心照顧之下衍生出親父子般的真實感情。

然而捷共當局也開始調查這樁假結婚案，大提琴家只好逃往鄉下的溫泉渡假村投靠親戚以走避風頭。這時候收音機剛好傳來天鵝絨革命發生的消息，一行人才敢飛奔回布拉格參加抗議遊行。有趣又諷刺的是當他們和眾多人群一齊在瓦茨拉夫廣場用力抖動鑰匙圈以製造示威抗議的聲勢時，卻赫然在抗議的人群中發現曾經威脅要將大提琴家緝拿歸案的秘密警察！俄國假新娘在德國安身立命之後，也再度來到布拉格接走了不忍和大提琴家分離的小男孩。

導演安排讓大提琴家重返捷克愛樂管弦樂團任職，並且巧妙地以剪接方式呈現大提琴家參與了1990年大師庫貝力克流亡42年後返鄉在布拉格舊城廣場上露天指揮捷克愛樂演出史梅塔納《我的祖國》交響詩的場景，鏡頭再轉移到聽眾群中大提琴家那位已經懷孕的女友身上，藉著盼望新生兒的出世期許捷克國家的重獲新生命！

■斯洛伐克的天鵝絨離異與邁向千禧年

雖然天鵝絨革命促成了捷克斯洛伐克的民主化與政權的和平移轉，但是，長久以來的歷史情結和民主化的影響，斯洛伐克也終於出現了要求獨立的主張，最後導致斯洛伐克於1993年宣佈獨立建國。相對於天鵝絨革命，斯洛伐克的和平獨立與捷克斯洛伐克聯邦體制的結束，也就被稱之為「天鵝絨離異」。隨著民主開放與經濟的再起飛，捷克於1995年成為第一個加入歐洲經濟合作發展組織的前共產國家，隨後又在1999加入北約，2004年正式成為歐盟的會員國。

▲哈維爾領導成立了「公民論壇」以甩動鑰匙圈等方式向共產黨政權嗆聲，直接導致捷共垮台。

雖然在經濟全球化的衝擊之下，捷克也遭遇了通貨膨脹和政黨鬥爭等民主國家常見的問題，但是捷克人深知他們已

經成為地球村的一員，他們不需要再忍氣吞聲與暗自掉淚。正如捷克十九世紀的史哲學家帕拉斯基所說：「一個民族的價值，在於它是否對人類文化的進步有所貢獻……，捷克雖然是一個小邦國，但是為了人類進步的理想而敢於和強權對抗，由此可以證明捷克是一個擁有崇高情操與地位的民族！」

▲ 天鵝絨革命發生時，就連捷克愛樂的團員們也參加了全國大規模的抗議示威遊行。

從家庭偶戲到卡通小鼴鼠

卡胥帕列克總是扮演著協助主角（英雄或騎
士）打擊壞人的甘草角色，許多小朋友都很喜
歡他……。

　　早在十六世紀，偶戲劇場就已經盛行於波希米亞，三十年宗教戰
爭（1618~1648）結束之後，歐洲大陸（尤其中歐地區）才開始從一
遍焦土之中恢復元氣與活力。來自鄰近的德意志地區（德、奧）、法
蘭德斯地區（荷、比）的偶戲表演團體也漸漸來到波希米亞各地巡迴
演出，懸絲偶戲因此傳進了捷克，而且廣為大眾喜愛與接受。從此之
後，這種由偶劇師傅用線索來操控的懸絲木偶，便融入捷克人的日常
生活當中，也漸漸成為一項捷克人引以為傲的傳統藝術。

■捷克人的驕傲──懸絲偶戲

　　在捷克民間偶劇故事當中，最被喜愛的人物就是卡胥帕列克
（Kašpárek），他總是扮演著協助主角（英雄或騎士）
打擊壞人的甘草角色，因此許多小朋友都很喜歡他。

▲ 捷克人對偶戲依舊情有獨衷。
◀ 偶戲「史佩柏與胡汶內克」。
◀懸絲偶戲於十六世紀中期傳入捷
　克後，漸漸成為捷克人引以為傲
　的傳統藝術。

　　十八世紀初期的戲偶師傅大部份是由失業的教師與

流浪藝人所擔任，而演出的故事內容大多取材自他們流浪各地所收集來的鄉野傳奇與故事再加以改編，因此在資訊流通不快速的農業社會中很受勞動庶民們的喜愛，更是跨越年齡的界限成為老少咸宜的一項娛樂。隨著偶戲與表演內容的增加，戲偶也由原來的一人獨自操控演變成多人分工演出，更重要的是保存了捷克的語言與傳統文化。

十九世紀捷克民族意識覺醒風潮之際，偶戲表演的空間也從鄉鎮的廣場擴展到都市的室內場所，許多作家、藝術家與一般家庭開始利用小型的組合式劇院，替小孩子們演出偶戲。因此這種包含了小戲偶、布景、劇本和使用所構成的組合式劇院，成為當時捷克家庭的娛樂與教育的重要方式之一。

柯別斯基（*Matěj Kopecký，1775~1847*）是十九世紀捷克偶劇的傳奇人物，他變成捷克家喻戶曉的偶戲大師主要歸功於其兒子Václav後來將他的劇本加添成以插畫的方式印行，因此深受當時捷克家庭所普遍喜愛。

捷克第一個專業的偶戲表演公司在1930年由約瑟夫·史古巴（*Josef Skupa*）成立於皮爾森，名為「史佩柏與胡汶內克」（*Spejbl a Hurvínek*）劇場。劇中的史佩柏是一位滿腹經綸的父親，與他那位令人傷腦筋的兒子胡汶內克，很快地就成為二十世紀捷克民俗偶戲藝術的主要代表。創立者史古巴去世之後由米洛許·克胥納（*Miloš Kirschner*）接棒，持續將「史佩柏與胡汶內克」劇場推向國際舞台，拓展為今日已經有18種語言演出。

■跨越國界的小鼴鼠

聞名全球的捷克卡通——小鼴鼠（*Krtek*）是由茲甸涅克·米勒（*Zdeněk Miler，1921~2011*）於1956年所創造出來的一個卡通主角。牠那可愛的笑聲與善良的行徑，擄獲了全世界

觀眾們的心。因為片中的小鼴鼠和其他動物們都沒有言語的表達,只是透過肢體語言和簡單的聲響在表現溝通,所以得以跨越種族和語言的限制,流傳全球並且廣受歡迎!

更重要的是這部卡通的內容沒有暴力,而且大部分的場景與角色都是森林原野裡的動植物及昆蟲們,劇情人多是擬人化的小鼴鼠在森林中生活所發生的點點滴滴,也變成一部讓小孩子能認識大自然、重視環保而且寓教於樂的絕佳卡通。

在捷克不管是大城或小鎮,舉凡書籍、文具、玩具、紀念品等等,幾乎都可以看到小鼴鼠的蹤跡,小鼴鼠無疑是捷克的另一位親善大使!

到捷克作客

我一再地提醒自己：「這不
是在作夢！我真的要去德弗
乍克家裏當貴賓了！」

報告總統：我又來了！

Chapter 18

等他喝了一口冰啤酒之後，我才以好兵帥克式
的笑容和語調，趨前請安；而他，則是眼神一
亮地說道……。

　　這一天剛好是2006年5月6日的布拉格國際書展，哈維爾總統在書
展現場發表新書和演說；前一天我剛結束在捷克共和國外交部的領獎
行程，湊巧又得以恭逢盛會，和哈維爾總統再度見面。

■ 和哈維爾總統再度見面

　　當天哈維爾總統和民眾在布拉格國際書展場上對談他的從政心
得以及對世界局勢的觀察，新書的書名是《請說重點！》（*Prosím
stručně*），書中和大家分享了他在2005年對於世界局
勢和捷克國政的看法。當天書展現場的盛況可謂人山
人海，除了演講會場爆滿之外，許多民眾從早上8點多
就排隊等候讓哈維爾總統在新書上簽名。書展的主辦
者桃娜·卡立諾瓦（*Dr. Dana Kalinová*）博士特別安排
我首先和哈維爾總統見面，他雖然剛結束演講，但是

▲哈維爾總統的「愛心簽名」。

◀粉絲們引頸期盼多時，哈維爾
　總統的新書《請說重點！》終於
　在2006年出版。

◀布拉格國際書展上，哈維爾總
　統正在當天第一本新書上為筆者
　簽名。

仍然顯得精神奕奕；我等他喝了一口冰啤酒之後，才趨前請安：「報告總統！我又來了！」我以好兵帥克式的笑容和語調，再次向哈維爾總統問好致意！「總統先生，這次我應貴國外交部的邀請前來領取捷克國家之友獎，我很榮幸成為首位獲得此一榮銜的台灣人。這是2004年我們的合照照片，在此一併呈送給您！歡迎您能再度造訪台灣，更歡迎您能來我的活力文化咖啡館！」哈維爾總統眼神一亮說道：「啊！Sommer先生，感謝你為推廣捷克文化所作的努力！」隨即在第一本新書上為我簽下他那著名的「愛心簽名」。

近年來，哈維爾總統的許多著作均已先後在台灣翻譯出版，例如《無權力者的權力》、《政治再見》、《獄中書——給妻子歐嘉的信》、《哈維爾戲劇選》等等；想了解二十世紀後半葉捷克史與捷克現代文學的朋友們，這些都是絕佳的首選，也感謝哈維爾總統長年以來對於世界人權與人道主義的持續關懷！

■無任所文化大使——褚娜博士

褚娜・卡立諾瓦博士是布拉格國際書展的主辦者，因為她的父親曾經擔任過捷克愛樂管弦樂團的經理，家人又熱愛文學，使得她從小就在充滿音樂和文學的環境中長大。她們家和捷克愛樂的指揮大師安捷爾交情很深，她還記得安捷爾經常抱著她與逗她開心大笑的點點滴滴。安捷爾在1968年布拉格之春改革運動遭到蘇聯武力鎮壓之後，憤而決定離開祖國；後來他入籍加拿大並且擔任多倫多交響樂團總監，1973年於加拿大終老；而褚娜博士的父親也因為和捷共的專制極權理念不合而被迫離職。

褚娜博士的成長過程雖然艱辛，但是她依然堅持對文學的熱情，一步一腳印地在備受壓抑的捷克文壇與出版業辛苦耕耘，也逐漸建立起捷克文壇與出版業的廣大人脈。隨著「天鵝

絨革命」之後的民主化與國際化，褡娜博士更積極帶領她的
「世界書籍」公司參加包含台灣在內的指標性國際書展，除了
廣泛地和世界文壇接軌，也讓世人更加深入了解捷克的文學和
文化之美，目前我們在國內所接觸到的捷克書籍和動畫等出版
品，幾乎都是透過她的努力才和國人見面的，稱呼她為「捷克
的無任所文化大使」可真是一點都不為過！

■ 退而不休的教育家——蕾娜塔

蕾娜塔是一位中學老師，她任教的學校位於捷克和德國邊
界附近的候慕托夫（*Chomutov*），偉大的歌劇改革者葛路克
（*Christoph Willibald von Gluck*，1714-1787）就是在這裏接受
小提琴、風琴和大鍵琴和其他的基礎教育。

我們第一次見面是在布拉格的高堡墓園區內，當時蕾娜塔
老師正好帶著她的學生們來到布拉格從事戶外教學，他們一行
人看到我正在墓園裏向德弗乍克獻花，全班的學生都好奇地圍
觀過來，所以我也就大方地和他們分享我得獎的喜悅，並且向
他們介紹台灣的風土民情。

這時候的我反而被當作活教材一般地研究，因為蕾娜塔老
師興奮地把捷克外交部頒發的得獎公報大聲地朗誦給全班學生
聽，然後要全班學生向我這位外國人學習。她認為雖然我只是
一位咖啡館的館長，但是卻能深入了解別國的歷史與文化，並
和不同國家的人民進行文化交流，這也是她希望捷克的新生代
能夠具備的能力與國際觀。

蕾娜塔老師早已過了退休的年齡，可是她依然願意不辭辛
勞地在學校繼續服務，並且帶領著學生從事戶外教學，認識自
己的國土與文化。在她身上仿佛又看到捷克偉大教育家柯門斯
基的影子，願她的努力精神得以啟發更多的年青人，共同為傳
承人類文化的珍貴資產而努力！

1
2
3
4

1.哈維爾（右二）在書展現
場發表談話。
2.褡娜‧卡立諾瓦博士是布
拉格國際書展的主辦者。
3.這位笑容可掬的博士，可
是道道地地的「捷克無任
所文化大使」！
4.在高堡區結識蕾娜塔老師
和她的學生。

「我們都是音樂家！」
——捷克愛樂管弦樂團裏的優札家族

老優札開創音樂家族的機緣，最早或許可以追溯到小時候在自家門口演奏手風琴，竟得到過往行人賞錢的奇特經驗。

擁有百年光榮歷史傳統的捷克愛樂管弦樂團於2007年12月2日和3日第二次來台灣演奏他們的經典拿手曲目——史梅塔納《我的祖國》交響詩與拉赫曼尼諾夫第二號鋼琴協奏曲、穆梭斯基《展覽會之畫》等名曲。隨著近年來台灣赴捷克觀光、經商的人數呈現等比級數地成長，國人對於這個樂團整體上來說應該並不陌生；而細心的愛樂者在捷克愛樂的團員名冊和布拉格許多音樂會的節目單上，應該可以發現一個經常出現的姓氏，他們就是在捷克十分著名的優札家族（*Jouza family*）。

▲ 優札家族於1997年所成立的「Variace室內樂團」。

◀ 聞名全球的新藝術大師慕夏就是在茲畢洛赫村的城堡內完成《斯拉夫史詩》。

◀ 老弗伊帖赫‧優札在音樂會前的調音工作。

優札家族的大家長老弗伊帖赫‧優札（*Vojtěch Jouza snr.*）在捷克愛樂任職第一部小提琴已長達45年之久，他的兩個兒子——楊‧優札（*Jan Jouza*）和小弗

伊帖赫（*Vojtěch Jouza jr.*）目前也在捷克愛樂分別擔任小提琴與雙簧管手，大女兒弗拉絲塔（*Vlasta Beranová-Jouzová*）則是在布拉格交響樂團擔任小提琴手，還有兒媳婦漢娜（*Hana Jouzová-Müllerová*）也是捷克著名的豎琴演奏家。

　　生性樂天幽默的老弗伊帖赫·優札並不是出身於音樂世家，他憑藉著自幼對於音樂的熱愛與天賦，開創了這個音樂家族。老弗伊帖赫·優札先生回憶道：「小時候我的雙親並沒有硬性給我規範未來的發展方向，只因為有一次我在自家門口演奏雙親送給我的手風琴，竟然有很多路人賞錢給我，從此以後我就對音樂更感興趣，進而走上了音樂家這條路。」老弗伊帖赫在1959年成為捷克愛樂的團員，同時也身兼捷克室內管弦樂團（*Czech Chamber Orchestra*）和蘇克四重奏（*Suk Quartet*）的團員。一如他的成長過程，他也沒有強迫子女們要以音樂為職志，可是自幼聆聽父親演奏的耳濡目染之下，孩子們也都紛紛喜愛音樂而成為專業的音樂家，而家族裡為數眾多的孫子，也都幾乎精通一種以上的樂器。本身是國小老師退休的優札老太太開玩笑說道：「我們家族沒有很多錢，但是我們有很多音樂家！」

■ 老弗伊帖赫·優札自修一口流利日語

　　老弗伊帖赫·優札於1959年剛加入捷克愛樂不久，就在指揮安捷爾的帶領之下，隨團出訪澳大利亞、紐西蘭、中國、日本和印度巡迴演出達三個月之久，這次的跨洲際之旅讓他開始對東方文化產生濃厚的興趣。後來，隨著日本人大量為捷克愛樂錄製高水準的影音產品，以及近二十年來捷克愛樂頻繁地到日本巡迴演出，老弗伊帖赫·優札還靠著自修而說了一口流利日語，這在當年屬於共產國家封閉狀態的捷克文化界裡，實在是一個罕見例子；也因此，每當捷克愛樂在日本國內巡迴演出時，老弗伊帖赫·優札身邊總是圍繞著一批媒體記者和樂迷們。

◀ 1.老弗伊帖赫‧優札在捷克
愛樂任職第一部小提琴長
達45年之久,他驕傲地拿
著當年剛進團時的照片。

2.長子楊‧優札。

3.次子小弗伊帖赫。

4.大女兒弗拉絲塔。

5.優札太太秀出八位孫子合
送給她的金項鍊。

6.兒媳婦漢娜的演奏專輯。

▲ 7.老弗伊帖赫‧優札正在演
奏雙親送給他的手風琴給
太太欣賞。

8.老優札太太正在做捷克
家庭的日常主食「麵團
子」,有甜、鹹兩種口
味,做法也分蒸和煮兩種
方式,視個人口味而定。

9.安捷爾時代捷克愛樂的小
提琴手們,您找得到老弗
伊帖赫‧優札在照片中的
哪裏嗎?

目前在捷克愛樂擔任小提琴手的大兒子楊‧優札回憶道:「小時候我們家三代同堂擠在一棟三房一廳的公寓裏生活,當時因為還是在共產黨統治的時代,民生物資十分地缺乏,大家生活也都很清苦,但是我們家裏幾乎隨時都充滿著音樂與歡笑。除了父親在演奏練習之外,我們也經常以演奏大姊為我們所編寫的弦樂四重奏為樂,這不但是我們的成長過程,也是凝聚我們一家人的主要動力。」

優札音樂家族除了是捷克愛樂的成員,他們也和捷克愛樂的幾位資深團員們例如大提琴手約瑟夫‧德弗札克(*Josef Dvořák*)、低音大提琴手切爾尼克(*Jaromir Černik*)等人另外組成了兩個室內樂團──分別是次子小弗伊帖赫在1982年所創立的「布拉格巴洛克室內樂團」(*Prague Baroque Ensemble*)與長子楊‧優札於1997年所組立的「Variace室內樂團」。雖然這兩個室內樂團的成員有所重疊,但是他們在演奏的曲目上則各有專擅的領域。

■小弗伊帖赫‧優札創立布拉格巴洛克室內樂團

小弗伊帖赫所創立的布拉格巴洛克室內樂團一如其名,只專注在巴洛克時期的曲目,他們也經常和演唱家合作演出許多

巴赫以及同時代音樂家的清唱劇。1993年是布拉格巴洛克室內樂團的重要里程碑，他們灌錄了捷克巴洛克時期最著名的作曲家哲仁卡的奏鳴曲全集，受到歐洲樂界的極高度評價！也因此捷克廣播電台和捷克電視台特別邀請他們在哲仁卡逝世250週年的特別紀念節目上演奏與轉播。

　　布拉格巴洛克室內樂團裏還有一位十分特別的團員，他就是布拉格音樂院的雙簧管教授圖里（*František Xaver Thuri*）大師，他除了精通雙簧管、大鍵琴和管風琴的演奏之外，在指揮和作曲的領域更值得大家注意。雖然是現代人，但是他所創作的曲風卻完全屬於巴洛克式樂風，也因此被歐洲樂界尊稱為「最後的巴洛克音樂家」！圖里大師的創作等身，除了大量的雙簧管與管風琴協奏曲之外，還寫了許多清唱劇、聖母悼歌以及安魂曲，近年來他更受邀為兩部電影創作配樂，以及為伏拉塔瓦河上游的美麗小鎮——切斯基庫倫洛夫寫下了「水上音樂」（*Water music for Český Krumlov*）。

▌楊‧優札的Variace室內樂團擅長罕見配器法的演奏

　　長子楊‧優札所創立的Variace室內樂團則從古典到現代

<table>
<tr><td>1</td><td rowspan="2">3</td></tr>
<tr><td>2</td></tr>
</table>

1. 筆者和捷克愛樂的資深團員低音大提琴手切爾尼克，在他們家門前享用自家栽種的蘋果當早餐。
2. 捷克愛樂的資深團員大提琴手約瑟夫‧德弗札克。
3. 次子小弗伊帖赫在1982年所創立的布拉格巴洛克室內樂團。

1. 哲仁卡是巴洛克時期的捷克音樂代表人物,這張《哲仁卡奏鳴曲全集》CD的錄製,同時也是布拉格巴洛克室內樂團的重要里程碑。

2. 被歐洲樂界尊稱為「最後的巴洛克音樂家」圖里大師創作的《安魂曲》。

3. Variace室內樂團和捷克著名演員雪帖盼柯娃擔任朗誦所合作灌錄的CD《音樂裏的文學》,曾獲得法國Répertoire音樂雜誌評選為1999年5月最佳CD獎。

樂派的曲目都有演奏,但是他們更擅長罕見配器法的演奏方式,例如將弦樂搭配銅管樂以及人聲朗誦等等。他們和捷克著名演員雪帖盼柯娃(*Jana Štěpánková*)擔任朗誦所合作灌錄的CD《音樂裏的文學》就獲得法國Répertoire音樂雜誌評選為1999年5月最佳CD獎。優札音樂家族的兩個室內樂團除了經常在歐洲演出之外,也灌錄了許多CD,而且每年在聖誕節前夕,他們都會應邀遠赴日本作巡迴演出,在日本國內早已經是中歐巴洛克音樂的代言團體!而且在捷克觀光局的文宣刊物上,他們更是人人所熟悉的面孔。

近年來國人大量遠赴捷克觀光,布拉格自然是必遊的景點之一,而愛樂者們通常也不會錯過捷克愛樂團址的魯道夫宮、市政廳裏的史梅塔納演奏廳、國家歌劇院、城邦歌劇院、莫札特別墅、史梅塔納紀念館、德弗札克紀念館等地,但是同樣座落在小城區觀光景點內的「布拉格樂器博物館」,卻沒有太熱絡的參觀人潮!

■不可錯過的布拉格樂器博物館

若是要了解捷克的音樂,甚至於西洋音樂的發展史,走一趟布拉格樂器博物館絕對會讓您入寶山滿載而歸。館內除了依照歷史演變陳列出各種不同時期的樂器之外,也可以當場聆賞名家以陳列的樂器所演奏的經典曲目,而優札音樂家族當然也在受邀之列。老優札先生伉儷帶領筆者一起入內參觀,因為他們一家也都參與了這個博物館軟體的建製,在聽著他們精闢生動的導覽與解說的同時,感覺自己和波西米亞的音樂傳統竟是如此活生生地融合在一起,這真是另一種在音樂廳與學院之外的獨特體驗!眼看老優札伉儷快樂又滿足地欣賞著博物館的試聽機內,傳來由自己兒女們所演奏的音樂,真是一幕令人感動的場景!

優札音樂家族也經常出席公益慈善活動的演出,2005年他

們在普利布蘭礦城邊維蘇卡村（*Vysoká u Příbrami*）的德弗札克紀念館演奏《美國》弦樂四重奏等名曲；2007年筆者則應邀和他們一齊到茲畢洛赫村（*Zbiroh*）為當地的教堂演奏以籌募修繕基金。以茲畢洛赫村的演奏會為例，當地是捷克愛樂資深大提琴手約瑟夫・德弗札克（*Josef Dvořák*）的老家，在歷史上，這裡也曾經出現過捷克著名的兒童文學家斯拉迭克（*Josef Václav Sládek*，*1845~1912*），而且聞名全球的新藝術大師慕夏也是在這個小村完成20巨幅《斯拉夫史詩》。然而就如同目前全球每個國家都普遍遭遇到的問題——文化資產的維護經費預算不足。當地的教堂早已年久失修，急待維護是刻不容緩的事。於是大提琴家約瑟夫・德弗札克夫婦主動籌辦這場慈善募款音樂會，邀請好朋友優札家族和畫家襄贊演出，整場演奏會的所得全部捐獻給教堂作為修繕基金。雖然這些捷克愛樂的音樂家們生活並不優渥，但是他們努力為鄉土及文化傳承使命所作的貢獻與付出，早已贏得人們的尊崇！

　　親愛的讀者們，當您聆賞捷克愛樂的演奏時，不妨仔細關注這些熟面孔，他們就像我們的親朋好友一般，相信您也會獲得更深的感動！當然我們也期待國內的經紀公司能夠早日邀約「布拉格巴洛克室內樂團」與「*Variace*室內樂團」來台灣演奏，讓更多國人也能體驗這種精緻又純樸的發音！

```
┌─┬─┐ ┌───┐
│1│ │ │ 3 │
├─┤ │ ├─┬─┤
│2│ │ │4│ │
└─┴─┘ ├─┤6│
      │5│ │
      └─┴─┘
```

1. 捷克著名的兒童文學家斯拉迭卡。
2. 老優札伉儷快樂又滿足地聆賞著博物館的試聽機內傳來由自己兒女們所演奏的音樂。
3. 座落在小城區觀光景點內的布拉格樂器博物館，參觀的訪客並不多。
4. 這些捷克的藝術家們不計報酬，為籌募整修故鄉教堂的經費參與演出。
5. 演奏會之前大提琴家約瑟夫・德弗札克夫婦熱情地招待大家一頓鄉間午餐。
6. 大提琴家約瑟夫・德弗札克夫婦主動籌辦慈善募款音樂會。

不平凡的小鎮糕餅師傅布勞能

沒想到，在火車上偶遇的布勞能先生，不僅是
烘焙糕點的師傅，是兩座教堂的管理人，更是
這座小鎮的歷史活字典。

筆者首次前往摩拉夫斯基·庫倫洛夫的慕夏美術館時，很幸運地
在火車上結識了當地的居民布勞能（*Josef Brauner*）先生，因為當時整
個車廂的人都好奇地打量著我這個陌生的東方人，在語言溝通不易的
情況之下，最後我乾脆把自己得獎的外交部公文秀給大家看，瞬間在
這鄉下的小火車車廂內響起了一陣掌聲。

這群可愛的人們推舉了會說德語的布勞能先生來詢問我是否需要
任何協助，我說明了此行的來意之後，就在布勞能先生的帶領之下造
訪他們這個純樸的小鎮。

布勞能先生的住宅就在慕夏美術館附近，因此他先
熱情地邀請筆者和他們夫婦兩人共進一場道地的鄉間
午餐，然後才帶我去美術館參觀，並且要我參觀結束
之後再返回他們家一起喝下午茶。對於我們這種獨自

▲ 布勞能夫婦的熱情好客，他們就
　住在慕夏美術館附近。

◀ 布勞能先生是鎮上的糕餅師傅，
　滿桌糕點都是他親自烘焙的。

◀ 那天，我們還遇到四位波蘭神父
　回到這所由布勞能先生管理的教
　堂尋根溯源。

1	4
2	
3	

1. 布勞能先生一家人的熱情，真是讓人十分感動！

2. 布勞能先生一家人熱情款待台灣來的賓客。

3. 在布勞能先生的盛情邀約之下，筆者生平第一次彈奏了具有兩百多年歷史的管風琴。

4. 布勞能先生管理的教堂內有一架兩百多年歷史的管風琴。

出門在外的旅人來說，這真是一種上天的恩賜，當然會格外珍惜這種難得的際遇！

再次返回布勞能先生家時，發現他們家除了滿屋子整理得井然有序的歷史和文化專書之外，還有滿桌子的美味糕餅和咖啡要招待我這位異國的訪客。看到這樣的陳設會讓人以為布勞能先生是一位學者，可是一經詢問之下才知道其實他是鎮上的糕餅師傅，滿桌的糕點都是他親自烘焙的。布勞能先生也收集了這個小鎮的許多歷史照片，我專心地聽他娓娓道來幼年時親身經歷了蘇聯紅軍和納粹德軍在此地進行二次大戰在捷克境內最後一場激戰的故事。

他們是一個虔誠的天主教家庭，更絕妙的是，他還兼任了鎮上兩座教堂的管理員，捷克共和國的外交部長也曾經造訪過他們家！當天，我們恰巧遇到另外四位來自波蘭的神父，他們的教會在200年前由此地分派出去，所以回到這裏來溯源尋根。在布勞能先生的盛情邀約之下，我又得以參觀鎮上的兩座教堂，並且生平第一次彈奏了具有兩百多年歷史的管風琴。

▼ 著名的慕夏美術館就在離
奧地利邊界不遠的摩拉夫
斯基·庫倫諾夫鎮。

　　若不是有他們一家人的熱情招待與幫忙，我恐怕無法如此
順利地完成這趟寶貴的探訪；他們夫婦倆熱情地招待一位素未
謀面的外國陌生人，真是讓人十分地感動，不禁也令我想起這
麼多年來的旅途中，在各國鄉間也經常遇到許多熱情又純樸的
民眾，願上帝賜福給這些可愛又善良的人們！

到德弗乍克家作客

Chapter
21

拿起德弗乍克使用過的鵝毛筆，戴上他的帽子，我的手和我的心，同時激動得不能自己。

　　手中握著開往普利布蘭礦城邊維蘇卡村的車票和德弗乍克的孫子所寄來的邀請函，我一再地提醒自己「這不是在作夢！我真的要去德弗乍克家裏當貴賓了！」

　　德弗乍克的孫子德弗乍克三世（*Antonín Dvořák III.*）於2006年獲悉筆者因為熱心推廣捷克的文化與音樂而榮獲捷克共和國國家之友獎的消息之後，主動來函邀請我前往他們家拜訪，這真像是夢境中的遭遇啊！從小我們對德弗乍克的音樂可謂接觸不少，但是怎麼樣也沒有想到有朝一日能夠親自造訪這位偉大音樂家的故居和他的後代子孫！

■德弗乍克出生地紀念館

　　德弗乍克的故鄉是距離布拉格北方約30公里的一個小村莊，他的出生故居現在已經改裝成一座紀念館供訪客參觀，從布拉格可以搭乘火車來到這裡。一走

▲德弗乍克的兩頂帽子和手提袋就
　存放在魯莎卡之屋。
◀我與德弗乍克的孫子。
◀德弗乍克所購買的別墅「魯莎卡
　之屋」是家族私人產業，所以不
　對外開放。

出火車站，馬上就可以看到德弗乍克紀念館，由此我們不難推論德弗乍克為什麼會對蒸汽火車那麼著迷，這一項特殊嗜好很可能從幼年時期就已經養成了。移居布拉格之後，他喜歡到火車站寫下火車的車型、編號、細部構造等紀錄，並且和駕駛員們攀談，若是遇到有事不能前往觀賞火車，他還會指派自己的學生代勞，去火車站記錄他想知道的資料！

內拉霍傑伏斯村的德弗乍克紀念館陳列了一些他的相關文物，但是在布拉格西南方約60公里處的維蘇卡村，還有另外一座德弗乍克故居紀念館，這裏收藏了更多的文物，更值得愛樂者和喜歡深度文化之旅的朋友們前往參訪。話雖如此，但是在內拉霍捷伏斯村的德弗乍克紀念館旁的小丘上有一座大名鼎鼎的城堡，它是屬於洛布柯維茨家族的家產，這個家族自古以來和許瓦岑貝爾格家族都一直積極贊助與提昇捷克的藝文活動，他們的後代現在依然住在這座文藝復興式的城堡裡，而且也慷慨地開放城堡的部份空間讓遊客得以欣賞他們家族數百年來的珍奇收藏，包括委拉斯蓋斯（*Diego Velázquez*，*1599~1660*）、卡納雷多（*Antonio Canaletto*，*1697~1768*）、老布勒哲爾（*Pieter Bruegel the Elder*，*1525~1569*）、魯本斯（*Peter Paul Rubens*，*1577~1640*）等歷代著名畫家的真跡，以及莫札特、貝多芬等音樂家的手稿！

洛布柯維茨家族對人類文化史的最大貢獻應該是第七代王子約瑟夫・法蘭堤斯卡・威廉，他是貝多芬的三位贊助者之一，提供700佛羅林（*Florin*）的年金給貝多芬使用，讓他得以安心地留在維也納創作；洛布柯維茨還把他位於維也納的大宅第免費做為貝多芬演奏會會場。為了感謝王子的知遇之恩，貝多芬將許多重要作品例如第三、五、六號交響曲與編號第18號的六首弦樂四重奏題獻給洛布柯維茨王子。

▲ 坐在德弗乍克三世老先生的紅色雪科達裡，氣氛很愉快！

▼內拉霍捷伏斯村的德弗乍克出生紀念館旁的小丘上，就是大名鼎鼎的洛布柯維茨城堡，裡面存放著許多藝術珍寶。

■維蘇卡村的德弗乍克紀念館

　　德弗乍克在1884年首度受邀訪問英國，並且親自在倫敦指揮了他的第六號交響曲和《聖母悼歌》（*Stabat mater*）等作品，尤其是《聖母悼歌》更獲得了空前的好評，德弗乍克也因此獲選為愛樂協會的榮譽會員，聲譽和收入都扶搖直上！他的經濟情況好轉之後，就在波希米亞的維蘇卡村購置了兩棟別墅，實現他多年來的願望。

　　當巴士在波希米亞的鄉間道路蜿蜒前進時，不禁令人讚嘆窗外的原野美景，難怪德弗乍克會挑中這個寧靜又優美的小村莊定居。到了公車站牌下車之後，遠遠就看見德弗乍克三世老先生已經在路邊向我揮手了，趕緊飛奔過去向他問候致意。隨後老先生就開著他的紅色雪科達小汽車載著我前往第一個目的地。一路上德弗乍克三世也開始介紹這個地區的風土民情，解釋當年他的祖父在維蘇卡村購置了兩棟相距大約一公里左右的

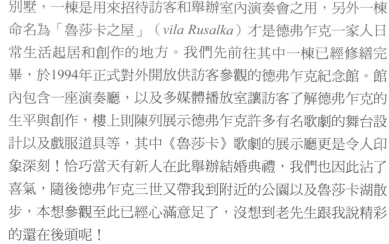

```
1 4
2
3
```

*1.*維蘇卡村德弗乍克紀念館
　內一景。

*2.*德弗乍克三世正在詳細地
　解說族譜。

*3.*在其祖父銅像前和德弗乍
　克三世合影留念。

*4.*德弗乍克紀念館已經修繕
　完畢,於1994年正式對外
　開放供訪客參觀。

別墅,一棟是用來招待訪客和舉辦室內演奏會之用,另外一棟命名為「魯莎卡之屋」(*vila Rusalka*)才是德弗乍克一家人日常生活起居和創作的地方。我們先前往其中一棟已經修繕完畢,於1994年正式對外開放供訪客參觀的德弗乍克紀念館。館內包含一座演奏廳,以及多媒體播放室讓訪客了解德弗乍克的生平與創作,樓上則陳列展示德弗乍克許多有名歌劇的舞台設計以及戲服道具等,其中《魯莎卡》歌劇的展示廳更是令人印象深刻!恰巧當天有新人在此舉辦結婚典禮,我們也因此沾了喜氣,隨後德弗乍克三世又帶我到附近的公園以及魯莎卡湖散步,本想參觀至此已經心滿意足了,沒想到老先生跟我說精彩的還在後頭呢!

■別有洞天,魯莎卡之屋

　　我們繼續開車前往另外一棟德弗乍克所購買的別墅「魯莎卡之屋」,這裏是他們家族的私人產業,所以是不對外開放的。因為他們把我當作貴賓招待,所以我才得以成為第一位進入德弗乍克故居一窺堂奧的台灣人,一想到這裡思緒不免激動了起來!德弗乍克三世用稍為顫抖的手打開了別墅外牆的大門鎖,映入眼簾的是僕人的屋子和遠處德弗乍克的故居。老先生說他覺得口渴,所以我們就在屋外的野餐桌先稍事休息一下,然後邊聊邊喝果汁。德弗乍克三世一一將家族的歷史娓娓道來,並且秀出了美國愛阿華州的捷克移民鎮(*Spillville*)頒發給他的榮譽公民證書,以感念他的祖父曾經在這裏寫下了著名的F大調第12號弦樂四重奏《美國》。

　　隨後我們兩人就進入了屋內逐房參觀,屋內的陳設還是完全保持著德弗乍克當年在此生活起居時的各項家具陳設。上到二樓,可以看到德弗乍克的鋼琴、書桌和床舖,就是在這個房間裏的書桌上,他前後林林總總地創作了D小調第7號交響曲、G大調第8號交響曲、斯拉夫舞曲第二集Op.72、《我的故鄉》、《在自然中》、《狂歡節》等序曲、降G大調《幽

默曲》、《水妖》、《白晝魔女》、《金紡車》、《英雄之歌》等交響詩以及最著名的歌劇《魯莎卡》。

老先生示意我可以碰觸他祖父的個人用品，於是我拿起了德弗乍克使用過的鵝毛筆，手竟然不自覺地顫抖了起來，當然也感動得紅了眼眶！這時德弗乍克三世指著牆上一幅布拉姆斯的簽名照片，這是當年布拉姆斯親自送給他祖父的紀念品，見證了兩位音樂大師誠摯的友誼！推開窗戶從二樓向外望去剛好可以見到典型的波希米亞原野景緻，還能聽到樹林篩過微風的聲音。窗邊擺放著德弗乍克的兩頂帽子和手提袋，好像是主人剛回到家裏隨手一丟的樣子，當然老先生又恩准我可以戴上他祖父的帽子過過乾癮。

■ 誰來整修魯莎卡之屋？

詳細地參觀完「魯莎卡之屋」之後我們又來到屋外的餐桌

```
┌─┬─┬───┐
│1│ │   │
│2│3│ 4 │
├─┴─┼─┬─┤
│   │5│6│
│   ├─┼─┤
│   │7│8│
└───┴─┴─┘
```

1. 我們在屋外的野餐桌邊聊邊喝果汁。德弗乍克三世還送我他的簽名照！

2. 美國愛阿華州的捷克移民鎮頒發榮譽公民證書給德弗乍克三世，以感念他祖父創作了F大調第12號弦樂四重奏《美國》。

3. 拜訪德弗乍克的孫子以及曾孫。

4. 魯沙卡之屋二樓有德弗乍克的鋼琴、書桌和床舖。

5. 二樓房間的書桌上，德弗乍克總共創作了D小調第7號交響曲、G大調第8號交響曲、斯拉夫舞曲第二集Op.72等世界名曲。

6. 布拉姆斯親自送給德弗乍克的簽名照片，見證了兩位音樂大師誠摯的友誼！

7. 夏天時德弗乍克喜歡在涼亭裏納涼尋求創作靈感。

8. 整棟別墅和庭園都已經呈現出嚴重失修的狀態！

旁，他說祖父最喜歡在這裏餵養鴿子，這是他晚年的嗜好之一。老先生又帶我去屋子的另一端參觀涼亭，他說祖父最喜歡在這裏乘涼，說完掀開涼亭內的桌子讓我看桌子下已經腐朽的桌腳。在整個參觀行程當中我發現整棟別墅和庭園都已經呈現出嚴重失修的狀態，於是向老先生請教原因。德弗乍克三世大方地笑笑說：「因為這是子孫們共同持份的祖產，而且我們現在也缺錢整修，所以我們確實很傷腦筋！」我的思緒當場又被重擊了一下，但是也馬上浮現許多念頭，若是能夠說服國內的企業團體出資贊助德弗乍克家族修繕他們的祖宅，對於企業本身以及我們的國際形象一定會大大地加分！

完成了拜訪德弗乍克家族的世紀任務，德弗乍克三世開車送我到巴士站準備搭車返回布拉格。我們在等候公車時他說曾經受邀到日本、韓國訪問過，趁著他還走得動的情況下，他也很願意前來台灣一趟答謝台灣的樂迷們。帶著依依不捨的離情向德弗乍克三世老先生道別，他給我一個深深的擁抱，我們再次互道珍重再見！

車子漸漸駛回布拉格市區，沿著伏拉塔瓦河左岸的公路可以看見對岸的高堡區，那裏是傳說中女大公李布謝的朝廷所在地，還有史梅塔納和德弗乍克的墓園……。我期許自己能夠幫上德弗乍克家族一點忙，以感謝他們祖父留給全世界的音樂文化資產。

■大摩拉維亞帝國（約公元830~905）

約1~2世紀　　捷克人與斯洛伐克人由波蘭南部越過了喀爾巴阡山進入今天的捷克境內。

7世紀　　　　傳說中的英雄莎摩（Samo）建立帝國，抵禦來自東方柔然人（Avar）的侵擾，但是
　　　　　　658年莎摩去世之後，捷克又分裂為部落社會。

9世紀　　　　莫伊米兒一世（Mojmír I.）為抵禦日耳曼人的壓力，建立大摩拉維亞帝國
　　　　　　（830~905），是為莫伊米兒王朝，不過名義上仍然臣屬於西方的東法蘭克王國。
　　　　　　莫伊米兒一世去世（846）之後，Rastislav（846~869）、Svatopluk（870~894）相
　　　　　　繼執政，國勢一度很盛；Rastislav並且於862年遣使到拜占庭帝國，政治上想要解除
　　　　　　東法蘭克王國與保加利亞王國的包圍；宗教上希望以通曉斯拉夫母語的東正教士團
　　　　　　取代原先的日耳曼籍天主教會。莫伊米兒二世繼位後發生了內戰，馬札兒人乘勢將
　　　　　　之侵滅。西部被併入波希米亞，東部則併入匈牙利。

■普列彌修王朝（約公元870~1306）

9世紀　　　　相傳農夫普列彌修和貴族柯洛卡的么女李布謝結為夫妻，逐漸統一
　　　　　　各個部落並且建立所謂的「普列彌修王朝」。

10世紀　　　十世紀初摩拉維亞帝國瓦解後，波希米亞王國開始獨立發展。
　　　　　　聖·魯蜜拉和夫婿公爵是最早接受基督信仰的波希米亞統治者。
　　　　　　當時最有名的統治者是聖·瓦茨拉夫，因為受到祖母聖·魯蜜拉的教育所影響，一
　　　　　　生致力於宏揚基督教義。後來慘遭胞弟謀弒之後被追封為「聖·瓦茨拉夫」，捷克
　　　　　　人視他為民族的守護者，捷克的疆域也因此稱為「聖·瓦茨拉夫王冠的領地」。任
　　　　　　何人要成為波希米亞的國王，都必須到布拉格使用「聖·瓦茨拉夫王冠」加冕，而
　　　　　　這項傳統也一直被沿襲到1836年。

950　　　　　神聖羅馬帝國皇帝奧圖一世擊敗波希米亞，將之納入神聖羅馬帝國。

973　　　　　建立布拉格主教區，受梅因茲大主教區的管轄。

997　　　　　出身貴族世家的聖·弗伊帖赫於馬格德堡受教育之後返回布拉格成為主教，過著安
　　　　　　貧生活。後來受到貴族們反基督信仰的侵擾，弗伊帖赫離開布拉格前往匈牙利、波
　　　　　　蘭、普魯士傳教，後來在普魯士被原住民殺害，捷克人也視他為民族的守護者。

1159　　　　神聖羅馬帝國皇帝紅鬍子腓特烈發動第二次十字軍東征，波希米亞公爵出兵助戰，
　　　　　　遂受封為世襲國王，並且將波希米亞提昇為神聖羅馬帝國的「選帝侯」之一。

13世紀	普列彌修王朝的全盛時期。
1212	神聖羅馬帝國皇帝腓特烈二世頒佈《西西里金璽詔書》，承認波希米亞的王位由貴族選舉產生，帝國不會再加以干涉。
1253~1278	「鐵金國王」歐塔卡二世統治時期。今日上、下奧地利、斯蒂利亞等地，以及從波蘭西南部往南一直到義大利北部的土地全都納入波西米亞的勢力範圍。但是其他的選侯不願意見到波希米亞的勢力過度擴張，於是改選哈布斯堡家族魯道夫為皇帝，他也是哈布斯堡王朝的創始者。
1278	魯道夫當選神聖羅馬帝國皇帝，引起日耳曼人與斯拉夫人的關鍵性戰役，歐塔卡二世在杜倫庫魯特戰役中戰歿。
1300	瓦茨拉夫二世兼任波蘭國王。
1301	瓦茨拉夫二世之子瓦茨拉夫三世又被選為匈牙利國王，波、捷、匈三國統一在普列彌修王朝之下。
1306	瓦茨拉夫三世遇刺身亡，普列彌修王朝告終。

■盧森堡王朝（公元1310~1437）

1310	神聖羅馬帝國皇帝亨利七世，勸服波希米亞貴族推選其子盧森堡家族的楊為新王。楊以日耳曼人身份入主波希米亞，因為對貴族們頒佈特許狀，使得王權多受限制，但他十分醉心騎士精神而且熱衷於軍旅生涯，故波希米亞的領土也日漸擴大。
1344	布拉格主教區升格為大主教區，不再受日耳曼教區管轄。
1346	盧森堡家族的楊戰歿，其子卡爾四世繼位，波希米亞進入黃金時期；卡爾四世建樹頗多，被捷克人尊奉為「國父」。
1347	卡爾四世當選為神聖羅馬帝國皇帝，將布拉格定為帝國首都，擴建市區、改建布拉格城堡、建造卡爾大橋，並且邀集建築師及雕刻家美化布拉格的市容。
1348	卡爾四世創立布拉格卡爾大學，使布拉格成為中歐的文化重鎮。
1356	卡爾四世在紐倫堡帝國會議頒佈《金璽詔書》，明訂神聖羅馬帝國皇帝由七位選侯選舉產生，確立波希米亞王在神聖羅馬帝國的首席地位。 卡爾四世的長子瓦茨拉夫四世及其次子齊格門皇帝相繼成為波希米

亞王，齊格門並且繼承匈牙利王位，兼任神聖羅馬帝國皇帝。

1387~1417	教皇克雷孟七世將教廷遷往法國亞威農，造成了基督教會的「大分裂」達三十年。
1403	卡爾大學神學教授楊·胡斯兼任卡爾大學校長。
1415	胡斯於康斯坦茨堡的宗教會議中被處以火刑殉教。
1419~1434	「胡斯戰爭」爆發。帝國聯軍入境鎮壓，捷軍在獨眼老戰士楊·吉胥卡的領導之下，屢敗敵軍，但是後來分裂成兩派，互相內鬥——分別為「餅酒同領派」（聖杯派）和「塔波派」。
1434	塔波派於利帕尼戰役大敗，雙方同意召開停戰和議。
1436	胡斯黨和教廷、齊格門皇帝在伊赫拉瓦簽訂停戰和約，教廷准許一般信徒可以領受聖杯，被沒收的教產不必再歸還教廷；胡斯黨則正式承認齊格門皇帝為波希米亞國王，波希米亞教會名義上仍然隸屬於羅馬教廷。
1437	齊格門皇帝逝世，無子，傳位予女婿哈布斯堡的奧地利大公Albert，盧森堡王朝告終。

1473~1526	波希米亞政局陷入混亂，優秀的省長波迭布拉德的奕志、匈牙利王、波蘭的雅蓋隆王朝弗拉吉斯拉夫二世等人先後成為波希米亞王。弗拉吉斯拉夫二世後來又成為匈牙利王，形成雅蓋隆王朝同時統治波蘭、匈牙利、波希米亞的極盛時期。
1517	馬丁路德於威丁堡發表《95條論題》，強力批判羅馬教廷，掀起宗教改革運動。
1520	西班牙的卡洛斯一世以賄選的方式當選神聖羅馬帝國皇帝，改號為卡爾五世，卻因此與落選的法王法蘭西斯一世結怨。
1524~1525	神聖羅馬帝國南部發生「農民戰爭」，日耳曼部份地區重信舊教。
1526	弗拉吉斯拉夫二世之子路易二世以十字軍先鋒自詡，8月29日與鄂圖曼土耳其帝國交戰於莫哈契，十字軍敗，路易二世戰歿。 路易二世無子，依照《維也納條約》的規定，由姐夫哈布斯堡的斐迪南一世大公繼承匈牙利、波希米亞王位。
1529	土耳其帝國軍隊圍攻維也納，卡爾五世號召帝國境內新、舊教諸侯組成聯軍馳援，激戰三週方纔解圍；土耳其的蘇利曼大帝不但迫使斐迪南一世尊他為父，也要求卡爾五世必須每年朝貢三萬金元。

1531	信仰路德新教的日耳曼諸侯，在徐瑪爾卡耳登組成聯盟，出兵對抗卡爾五世的舊教部隊。
1546	卡爾五世對徐瑪爾卡耳登聯盟發動戰爭，希望一舉撲滅新教的勢力；起初連連告捷，但是法國又突然向其進攻，甚至連舊教諸侯也反對卡爾五世擴展皇權，終於無法達成他撲滅新教勢力與擴展皇權的目標。
1547	斐迪南一世要求波希米亞出兵助其兄卡爾五世，但是遭到拒絕。斐迪南一世為懲戒波希米亞，出兵鎮壓布拉格，處決抗命者，並且將此事歸罪於「合一弟兄會」，數百位「合一弟兄會」的成員因此被驅逐到國外。
1555	斐迪南一世於布拉格成立天主教大學，首次引進耶穌會教士，和「合一弟兄會」的勢力相頡抗。
1564~1576	斐迪南一世之子麥克西米連二世繼位。
1576~1611	麥克西米連二世之子魯道夫二世在位，由於他執政無力，所以引起波希米亞和匈牙利兩地貴族們的反叛，轉而支持其弟馬蒂亞斯，引發了內戰。波希米亞趁機迫使魯道夫二世簽署《皇家憲章》，放寬信仰自由，提高議會權力。 1611年魯道夫二世終因眾叛親離，被迫退位。
1612~1617	馬蒂亞斯執政，將帝國的首都自布拉格再遷往維也納，下令禁止波希米亞新教徒的所有宗教活動，並且拆毀新教徒的教堂進行大規模強力鎮壓行動。
1618	波希米亞的新教派為捍衛信仰的自由，5月23日在圖恩伯爵的率領下衝進布拉格城堡，將兩位帝國大臣和一位書記三人從高樓的窗口擲出，即為引發三十年宗教戰爭的「第二次布拉格擲窗事件」。
1618~1648	三十年宗教戰爭。
1619	馬蒂亞斯皇帝逝世，波希米亞議會改立日耳曼新教聯盟盟主腓特烈五世為新國王。斐迪南二世邀集西班牙、拜昂等舊教國家，兵分三路攻入波希米亞。
1620	舊教聯軍在名將提利伯爵的統率之下，於11月8日在布拉格西郊的白山擊潰波希米亞聯軍，隨後佔領波希米亞全境，腓特烈五世最後逃往荷蘭，自此波希米亞亡國，被迫成為奧地利的　省。

■哈布斯堡家族掌政期（公元1620~1918）

1632	名將華倫斯坦曾收復布拉格，但卻被部下在黑博城謀殺。

1648	「三十年戰爭」結束，訂立《西伐利亞條約》；波希米亞仍為奧地利的一省，人口由300萬銳減為100萬，境內也盡成焦土。

| 1713 | 卡爾六世發佈《國事詔書》，要求帝國諸侯承認他的女兒瑪麗亞·德蕾西亞的繼承權，女婿得以登基為帝，以及領土必須保持完整。 |

| 1736 | 瑪麗亞·德蕾西亞和夫婿開創哈布斯堡——洛林皇朝。 |

| 1740~1748 | 「奧國王位繼承戰爭」，奧國被擊敗。波希米亞北方富饒的石雷茨科地區幾乎全部割讓給了新崛起的普魯士王國。 |

| 1749 | 瑪麗亞·德蕾西亞撤銷「波希米亞總理府」，改由維也納直轄。 |

| 1756~1763 | 「七年戰爭」，捷克人試圖藉由普魯士擊敗奧國而解放波希米亞，但是普王腓特烈二世只想奪取石雷茨科地區，捷克的復國夢隨之落空。 |

| 1787 | 10月29日，莫札特在布拉格的諾斯第切劇院舉行《喬凡尼先生》的首演。 |

| 1780~1790 | 約瑟夫二世執政，採開明專制，下詔廢止「農奴制度」、恢復宗教自由；但是積極推行中央集權反而造成波希米亞「地方觀念」的興起。許多捷克學者為了舉證獨立自主的輝煌過去，更積極地研究考證捷克歷史，為民族主義運動提供了登場的大舞台。 |

| 1806 | 神聖羅馬帝國解散，「維也納會議」之後，梅特涅的高壓政策依然限制了捷克民族運動的發展。 |

| 1834 | 12月21日，堤勒和作曲家好友雪柯路普一起創作的喜劇《無怒也無爭》在布拉格的城邦歌劇院舉行首演。 |

| 1842 | 波希米亞皮耳森的Plzeňský Prazdroj啤酒廠推出清澄爽口的「黃金啤酒」，改變全球啤酒消費口味與習慣，可謂「啤酒革命」！ |

| 1848 | 「二月革命」的浪潮由法國傳到奧帝國境內，帕拉斯基與一批知識份子在布拉格召開會議，主張出版自由、解放農奴、語文平等、提高波希米亞議會的權力，並獲得奧皇斐迪南一世的同意。
後來大局丕變，斐迪南一世出奔奧京，日耳曼的代表另外召開「法蘭克福會議」；帕拉斯基與斯拉夫領袖們另行於6月2日在布拉格召開「泛斯拉夫會議」。當時梅特涅已經被迫下台，匈牙利也正醞釀著獨立，帕拉斯基採溫和立場，建議將哈布斯堡家族所統治的帝國改組成聯邦，劃分為8個自治邦國，境內各民族一律平等。 |

| 1849 | 奧國政府在維也納召開制憲會議，通過與帕拉斯基所提方案相符的新憲法，但是奧 |

皇法朗西斯・約瑟夫聽從保守派內政部長亞歷山大・巴赫男爵的意見，宣佈解散制憲會議，再度走回帝國中央集權的專制體制，捷克重建邦國的希望因此落空。

1865　「基因工程之父」門德爾神父發表研究成果，為近代遺傳學奠基。

1867　「奧匈雙元帝國」成立，但是在匈牙利統治下的斯洛伐克人處境更糟，因此捷克對奧國政府開始採取不合作手段。

1881　布拉格國家劇院落成。

1882　捷克人塔菲出任首相，極力為捷克人爭取權利，布拉格大學改為捷、德二種語文分立教學。

1914　第一次世界大戰爆發，奧匈帝國支持德國，對塞爾維亞、俄國等斯拉夫人作戰，捷克戰俘也因此極力想為俄國對奧匈帝國作戰。

1915　馬薩里克博士訪英，向英國外相提出未來建國計畫以及疆域的藍圖，他的兩位學生貝內胥以及雪帖法尼克分別代表捷克和斯洛伐克的追隨者，協助馬薩里克到處演說，爭取國際上對捷克斯洛伐克獨立建國的支持，三人合稱為捷克斯洛伐克共和國的「建國三傑」。

1916　馬薩里克博士在巴黎籲法總理支持戰後捷克建國計畫。
　　　「捷克國家委員會」在巴黎成立。

1917　俄國「二月革命」爆發，捷克戰俘組成「捷克兵團」，獲得協約國當局重視，決將其調往法國戰場。

■現代捷克國家的興起（公元1918~）

1918　1月，美國總統威爾遜揭示「十四項原則」，其中的第十項即為主張「奧匈帝國境內所屬各民族，均給予最自由的民族自決之機會」。
　　　4月，馬薩里克博士訪美，備受禮遇。
　　　6月29日，貝內胥爭取到法國支持，承認「捷克國家委員會」為未來政府最高機構，並允許捷克在「歷史疆域」內建立國家。
　　　8月9日，英國承認「捷克國家委員會」。
　　　9月2日，美國承認「捷克國家委員會」，捷克獨立地位確認。
　　　10月14日，貝內胥通告協約各國，宣告成立捷克臨時政府於巴黎，以馬薩里克為總統，翌日法國立即予以承認。
　　　10月28日，「捷克國家委員會」於布拉格宣布捷克獨立，是為獨立紀念日。

1918~1938	「第一共和期」，捷克的政治、經濟發展安定，儼然成為中、東歐第一強國。
1933	納粹掌握德國大權。

1935　　　　貝內胥昇任總統。大選結束後，「蘇台德德意志黨」暗中接受納粹的贊助，並且在
　　　　　　亨萊主導下，獲得捷境日耳曼人60%選票，擁有議會44個席位。

1938　　　　3月12日，希特勒併吞奧國，捷克被納粹德國三面包圍。
　　　　　　4月21日，希特勒下令執行「綠色計劃」，準備侵略捷克。
　　　　　　9月19日，英、法駐捷克大使向貝內胥總統告知希特勒想要吞併蘇台德區。
　　　　　　9月30日，英、法、德、義於慕尼黑開會，正式將蘇台德區割讓給
　　　　　　納粹，捷軍方曾要求貝內胥對德作戰，但是貝內胥認為既然已經被
　　　　　　盟友出賣而孤立，若是貿然作戰，只會徒作犧牲。
　　　　　　10月5日，貝內胥被迫辭職，由無黨派的法學家哈賀（Emil Hácha）繼任傀儡總
　　　　　　統，是為「第二共和」，貝內胥轉往倫敦另組流亡政府。

1939　　　　3月15日，德軍強行入侵捷克。16日，希特勒於布拉格城堡宣告「波希米亞‧摩拉
　　　　　　維亞」降為德國的保護國，併入德國版圖。

1943　　　　12月12日，貝內胥與史達林簽訂《捷蘇友好互助及戰後合作條約》。

1945　　　　3月22日，貝內胥於莫斯科和捷克、斯洛伐克代表會商戰後事宜，史稱「第三共
　　　　　　和」（1945~48）。
　　　　　　5月9日，蘇聯紅軍攻入布拉格。
　　　　　　6月21日，捷克將日耳曼人、馬札兒人、通敵者一律驅逐出境。
　　　　　　7月，捷共領袖高德華（Klement Gottwald）飛往莫斯科，史達林向其示意必須在蘇
　　　　　　聯及西方國家間作一抉擇，捷克因此轉向親蘇聯。

1948　　　　5月9日，捷共控制的制憲會議通過新憲法，貝內胥隱退，高德華繼任總統，捷共取
　　　　　　得政權，史稱「二月革命」。

1948~1960	「大整肅」期。

1953　　　　史達林、高德華逝，諾瓦特尼接任捷共書記長，繼續推動保守、教條式政策。

1956　　　　俄國出兵鎮壓匈牙利改革。

1968　　　　1月5日，捷共中央委員會通過諾瓦特尼辭去第一書記，由溫和的改
　　　　　　革主義者杜布契克繼任。捷共中委會通過「新路線」，決定將捷共
　　　　　　予以「人性化、民主化、民族化」，一場寧靜的革命於焉開始，史
　　　　　　稱「布拉格之春」改革運動。

8月21日，以蘇聯為首的華沙集團出兵干預「布拉格之春」運動。

1969　　　　　3月28日，捷克冰上曲棍球隊擊敗俄國隊，捷克狂熱慶祝，後來演
變成反俄暴動。
胡薩克恢復「史達林主義」的統治，執行「國家正常化」運動，整肅「布拉格之
春」的自由化運動份子、開除50萬名捷共黨員。

1977　　　　　以文學劇作家哈維爾為首的知識份子共同發表《七七憲章》，要求捷共當局遵守
《赫爾辛基宣言》中維護基本人權與尊嚴，並且改善人民的生活條件等主張。

1987　　　　　4月，戈巴契夫訪捷，推銷其所提倡的「開放」和「改造」政策，助長捷克自由派
份子的聲勢，胡薩克被迫辭職。

1989　　　　　11月19日，以《七七憲章》為代表的12個抗議組織在布拉格成立「公民論壇」，提
出結束捷共一黨專制，並且要求選舉、言論、集會與新聞的自由。
11月24日，捷共總書記宣佈去職，聯邦議會通過憲改，取消共產黨
的領導權。
12月29日哈維爾當選總統。這一場非暴力無流血的成功抗爭運動被
稱為「天鵝絨革命」。

1990　　　　　捷克斯洛伐克正式更改國名為「捷克斯洛伐克聯邦共和國」。

1991　　　　　蘇聯瓦解。

1991~1992　　捷克的「小型企業民營化」改革成功。

1992　　　　　6月8日，克勞斯領導的政黨與梅契爾所領導的斯洛伐克政黨在國會中平分秋色，捷
克共和國的分裂白熱化。

1993　　　　　1月1日，「捷克斯拉夫聯邦」正式成為捷克和斯洛伐克兩個獨立自
主的共和國。哈維爾再度當選捷克共和國總統。

1995　　　　　捷克成為第一個加入歐洲經濟發展組織的前共產國家。

1999　　　　　捷克和波蘭匈牙利正式加入北約組織。

2004　　　　　捷克正式成為歐盟的會員國。

2007　　　　　捷克正式加入申根簽證組織。

| 全新修訂 |

捷克經典 Czech The Classic
5星級的捷克文化深度導遊

國家圖書館出版品預行編目資料

捷克經典：5星級的捷克文化深度導遊
／高嵩明作.攝影.
--三版.--臺北市：柿子文化，2017.01
　　面；　　公分.（Seeker；7）
ISBN 978-986-93724-7-3（平裝）
1.旅遊　2.人文地理　3.捷克
744.39　　　　　　　　　　105022219

Seeker.7

作　　者　高嵩明
攝　　影　高嵩明
美術設計　Wener
助理美編　劉桂宜
文　　編　趙慶華
責任編輯　高煜婷
主　　編　陳師蘭
總 編 輯　林許文二

部分圖片感謝慕夏基金會／捷克觀光旅遊局提供

行政業務　鄭淑娟、陳顯中
出　　版　柿子文化事業有限公司
地　　址　11677台北市羅斯福路五段158號2樓
業務專線　（02）89314903#15
讀者專線　（02）89314903#9
傳　　真　（02）29319207
郵撥帳號　19822651柿子文化事業有限公司
投稿信箱　editor@persimmonbooks.com.tw
服務信箱　service@persimmonbooks.com.tw

初版一刷　2009年02月
二版二刷　2011年07月
三版二刷　2020年05月
定　　價　新台幣 380 元
I S B N　978-986-93724-7-3

Seeker

Seeker